Ehrenamt – Last oder Lust?

Ehrenamt – Last oder Lust?

Herausgegeben
von Alexander Saberschinsky

Paulinus

Gedruckt mit freundlicher Unterstützung
der Sparkasse Trier und SWT (Stadtwerke Trier).

Die Deutsche Bibliothek – CIP-Einheitsaufnahme
Die Deutsche Bibliothek verzeichnet diese Publikation in der Deutschen Nationalbibliografie; detaillierte bibliografische Daten sind im Internet unter http://dnb.ddb.de abrufbar.

2. erweiterte Auflage 2006

Umschlaggestaltung: Adriana Walther
Abbildung Umschlag: Pixelquelle.de
Satz: Hans Werner Fischer
Druck und Buchbinderei: Laub, Elztal-Dallau
ISBN 3-7902-0212-6

INHALTSVERZEICHNIS

VORWORT

Wer nach dem Ehrenamt fragt, sieht sich mit einer allgemeinen Klage darüber konfrontiert, dass das Ehrenamt im Schwinden begriffen sei, da sich immer weniger Menschen in unserer individualisierten ›Spaß- und Freizeit-Gesellschaft‹ bereit fänden, sich selbstlos für andere und die Gemeinschaft einzusetzen. Dem halten Studien entgegen, dass das ehrenamtliche Engagement erheblich größer sei als bisher angenommen. Schon diese widersprüchliche Gegenüberstellung zeigt, dass das Thema ›Ehrenamt‹ einer differenzierten Betrachtung bedarf. Konkrete Fragen, die dabei zu stellen sind, lauten: Wie ist es um das ehrenamtliche Engagement bestellt? Wer ist bereit, ein Ehrenamt zu übernehmen? Unter welchen Bedingungen besteht diese Bereitschaft? Wie ist diese Bereitschaft zu fördern? Und welche Wege sind konkret zu gehen, um die theoretischen Erkenntnisse in die Tat umzusetzen?

Um auf diese Fragen adäquat zu antworten, bietet sich der klassische Dreischritt von Sehen – Urteilen – Handeln an: ›Sehen‹ steht für die Auseinandersetzung mit den konkreten Problemen und deren Ursachen. ›Urteilen‹ meint die Beurteilung der jeweiligen Situation auf dem Hintergrund der ethischen Normen. Es geht hier also darum, eine konkrete Entscheidung in einer Fragestellung zu treffen. ›Handeln‹ schließlich zielt auf die Verwirklichung und Umsetzung dieser Entscheidung. Eben diese Einteilung bildet das Gliederungsprinzip des vorliegenden Bandes, der nun in einer zweiten, deutlich erweiterten Auflage vorgelegt wird.

Prof. Dr. Hans Braun, Professor für Soziologie an der Universität Trier, analysiert im Sinne des ›Sehens‹ die gesellschaftliche Situation. Letztere erweist sich als keineswegs statisch, sondern als im Wandel begriffen. Dies betrifft in besonderer Weise auch das Ehrenamt. Braun grenzt nicht nur den Begriff des Ehrenamtes ein und legt die statistischen Größenordnungen dar, sondern sucht auch die treibenden Kräfte im

Hintergrund des Wandels auf, indem er nach den Motivationen zum Ehrenamt fragt. Als Soziologe verortet der Verfasser zudem diese Motivstrukturen über eine individuelle Betrachtung hinaus in dem Kontext des größeren, gesellschaftlichen Ganzen.

Dr. Alexander Saberschinsky, Dozent für Christliche Gesellschaftslehre und Studienleiter am Interdiözesanen Seminar »Studienhaus St. Lambert«, Lantershofen, behandelt in der Weise den Aspekt des ›Urteilens‹, dass er an die soziologischen Erkenntnisse von Braun anknüpft, indem er auf ihrer Grundlage die ethische Dimension der Fragestellung thematisiert. Dazu begibt er sich in das Spannungsfeld von einerseits konkreter gesellschaftlicher Situation, die ein den Umständen angemessenes Urteil erfordert, und unveränderlichen, abstrakten ethischen Normen andererseits. Obgleich Saberschinsky selbst die theologische Position des katholischen Sozialethikers vertritt, zeigt er doch, dass es keineswegs darum geht, die soziologische Analyse gewissermaßen theologisch zu ›überfremden‹, sondern macht deutlich, dass auch die theologische Beurteilung der Fragestellung mit guten Gründen für sich in Anspruch nehmen kann, vernünftig zu sein. Katholische Sozialethik ist also kein christlicher Sonderweg, vielmehr ein Beitrag von gesamtgesellschaftlicher Relevanz und Kommunikabilität über den kirchlichen Binnenraum hinaus. Im gleichen Zug weist der Autor auf, dass sich das ethisch richtige Handeln auch gesellschaftlich gesehen ›auszahlt‹.

Die entscheidende Erweiterung hat der vorliegende Band in seiner zweiten Auflage im Bereich des ›Handelns‹ erfahren. Den ersten Ausblick auf das ›Handeln‹ leistet Bürgermeister Georg Bernarding, zugleich Sozialdezernent der Stadt Trier. Sein Beitrag ergänzt insofern die vorangehenden, als er die zuvor dargelegten Aspekte aufgreift und von politischer Warte aus fragt, was sie jeweils im Konkreten implizieren. Dazu kann er auf den breiten Kenntnis- und Erfahrungshorizont seiner praktischen Tätigkeit zurückgreifen und legt auf diese

Weise dar, welche Implikationen die Frage nach dem Ehrenamt für das Handeln beinhaltet.
Neu aufgenommen wurde ein Beitrag von Carsten Müller-Meine, der die konkrete Arbeit in der Ehrenamtsagentur der Stadt Trier fokussiert. In den Ausführungen zu diesem exemplarischen Beispiel werden besonders die Schanierstellen zwischen konzeptionellen Überlegungen zum Ehrenamt und den Realisierungen im Kontext eines konkreten Gemeinwesens deutlich. Auf diese Weise wird beispielhaft gezeigt, wie grundsätzliche Überlegungen zu gezielten Handlungsansätzen führen können.
›Ehrenamt‹ ist zweifelsohne auch eine aktuelle Fragestellung und Herausforderung in der kirchlichen Seelsorge. Angesichts theologischer Neuorientierungen im Gemeindeverständnis nach dem Zweiten Vatikanischen Konzil und gesellschaftlicher Umbrüche kommt den Ehrenamtlichen eine neue Bedeutung zu. Dr. Georg Köhl, Studienleiter für Pastoraltheologie am Bischöflichen Generalvikariat Trier, und Dr. Alexander Saberschinsky fragen daher in einem ebenfalls neu aufgenommenen Beitrag nach den Motiven zu ehrenamtlichem Engagement in kirchlichen Gemeinden und nach den Anforderungen, die sich hieraus für die Seelsorger ergeben.
Die hier versammelten Beiträge decken zweifellos nicht die gesamte Palette aller Gesichtspunkte der Diskussion um das Ehrenamt ab. Und sie wollen es auch gar nicht, denn der fragliche Ehrgeiz einer enzyklopädischen Vollständigkeit wird die aktuelle Diskussion kaum beflügeln, sondern eher lähmen – sofern ein solcher Beitrag überhaupt wahrgenommen wird. Das hier vorliegende Projekt ist auf andere Weise ehrgeiziger: Statt die Gesamtheit aller Details des Ehrenamtes aus der Perspektive einer einzelnen Disziplin abzudecken, bietet der vorliegende Band mit seinen einzelnen Beiträgen einen Querschnitt durch die verschiedenen Fachrichtungen und durch die unterschiedlichen Betrachtungsweisen in Theorie und Praxis. Die Autoren leisten dies, indem sie die aktuelle Frage nach dem Ehrenamt gleichsam durch die verschiedenen

Reflexionsstadien der soziologischen Analyse, der ethischen Beurteilung und des praktischen Handelns führen und so ihre Beiträge ineinander greifen lassen.

Der Herausgeber

STRUKTURWANDEL DES EHRENAMTS

Hans Braun

1. Zum Verständnis von »Ehrenamt«

Immer wieder wurde und wird Unbehagen im Umgang mit dem Begriff »Ehrenamt« artikuliert. Tatsächlich mutet der Begriff etwas altertümlich an, wenn man ihn in seine zwei Bestandteile »Ehre« und »Amt« zerlegt. Viele Menschen können heute mit dem Begriff »Ehre« nicht mehr viel anfangen. Und zum Ehrenamtlichen in unserer Gesellschaft gehört es typischerweise auch, dass er nicht »von Amts wegen« tätig wird. »Ehrenamtlich« im klassischen Sinne handeln der Vormund oder der Schöffe. Mittlerweile gibt es schon eine stattliche Sammlung von Versuchen, den Begriff »Ehrenamt« durch einen anderen zu ersetzen. So wurde etwa die Bezeichnung »freitätige« oder »freiwillige« Arbeit vorgeschlagen. Gegenüber dem letzteren Vorschlag wurde eingewandt, dass ja auch diejenigen, die in erwerbswirtschaftlicher Absicht in einem bestimmten Bereich tätig sind, dies in unserer Gesellschaft, zumindest was die ursprüngliche Wahl des Handlungsfeldes anbelangt, bis zu einem gewissen Grad freiwillig tun.
In jüngster Zeit wurde angeregt, ehrenamtlich Tätige beziehungweise »Freiwillige« seien, was die gesellschaftliche Sicht anbelangt, als »Aktivbürger(innen)«, aus der Sicht der Verbände und Organisationen hingegen als »sinngeleitete Mitarbeiter(innen)« zu begreifen.[1] Während der Begriff »Aktivbürger(in)« vielleicht tatsächlich die Vorstellung transportiert, hier handle es sich um einen Menschen, der sich über die Beteiligung an Wahlen hinaus für das Gemeinwohl engagiert, erscheint die Entgegensetzung von »lohngeleiteter« Erwerbsarbeit und »sinngeleiteter« ehrenamtlicher Betätigung gerade in einer Zeit, in welcher »Sinn in der Arbeit« ein so beherrschendes Thema ist, doch problematisch. Bislang vermochte

keiner der in der Diskussion vorgeschlagenen Begriffe so recht zu überzeugen. Allerdings ist die Tendenz nicht zu übersehen, in Anlehnung an den in den angelsächsischen Ländern verbreiteten Sprachgebrauch, wo von den »Volunteers« die Rede ist, auch in Deutschland von »Freiwilligen« und von »Freiwilligenarbeit« zu sprechen. Für den Terminus »Freiwillige« plädiert auch Gudrun Born.[2] Im Übrigen erscheint zumindest aus deutscher Sicht die französische Bezeichnung »bénévolat« ebenso antiquiert wie »Ehrenamt«. Nur scheint sich in Frankreich kaum jemand an diesem Begriff zu stören. Vielleicht sollte deshalb angesichts der Bedeutung, die der Betätigung zukommt, um die es hier geht, die Energie nicht so sehr auf die Arbeit an Begriffen verwendet werden. Stattdessen sollte es um die Erfassung des Erscheinungsbildes und um die dahinter stehenden Entwicklungen gehen.

Worum geht es denn nun aber? Es geht um eine unentgeltliche oder – hier muss einfach den jüngsten Entwicklungen Rechnung getragen werden – um eine deutlich unter dem Marktpreis vergütete außerberufliche Tätigkeit.[3] Diese Tätigkeit ist an der Allgemeinheit orientiert, auch wenn sie im konkreten Fall für einen Einzelnen erbracht wird. Zur »ehrenamtlichen« Arbeit, um diesen Begriff beizubehalten, zählen deshalb nicht die zahlreichen für das Zusammenleben der Menschen unverzichtbaren Unterstützungs- und Hilfeleistungen innerhalb der Familie. Ebenso wenig rechnen dazu die Hilfen, die in vielfältiger Weise als Freundschaftsdienste geleistet werden. Die Tochter, die ihre pflegebedürftige Mutter versorgt und ihr Ehemann, der sie (hoffentlich!) dabei unterstützt, erfüllen zwar eine Aufgabe von existentieller Tragweite, sie sind aber nicht ehrenamtliche Helfer in dem hier gemeinten Sinne. Dies sind im Übrigen auch nicht die alle vier Wochen aus einer benachbarten Stadt anreisende Schwägerin oder die Nachbarin, die den Pflegepersonen gelegentlich beistehen.

Von ehrenamtlicher Arbeit ist hingegen da zu sprechen, wo Menschen Aufgaben übernehmen, die im Interesse von Personen jenseits des sozialen Nahraums beziehungsweise die im Interesse der Allgemeinheit sind.[4] Darüber hinaus muss ein Minimum an Organisation und damit an Verbindlichkeit und Regelmäßigkeit gegeben sein. Das lässt sich am Beispiel der Hilfe unter Nachbarn verdeutlichen. Die spontane Hilfe unter Nachbarn, von Haus zu Haus und ohne Mitwirkung eines Dritten erbracht, ist zwar für das Wohlbefinden der Menschen überaus wichtig, stellt aber keine ehrenamtliche Betätigung dar. Wird aber die Nachbarschaftshilfe von einer Initiativgruppe oder einer Kirchengemeinde planvoll organisiert und handeln diejenigen, welche die Leistungen erbringen, nicht primär in erwerbswirtschaftlicher Absicht, sondern aufgrund eines wie auch immer verstandenen Engagements für die Allgemeinheit, so liegt ehrenamtliche Betätigung vor. Diese Abgrenzung erscheint außerordentlich wichtig. Wird nämlich jede Form des Engagements als »ehrenamtliche« Tätigkeit bezeichnet, dann lässt sich schwerlich sinnvoll über »Ehrenamt« in unserer Gesellschaft diskutieren.

Ehrenamtliche Betätigung hat eine lange Tradition. Viele Aufgaben, für die wir heute, auch wenn wir nicht staatsgläubig sind, den Sozialstaat als zuständig ansehen, wurden in den zurückliegenden Jahrhunderten von den Kirchen, diesen nahe stehenden Vereinigungen oder von Gruppierungen wahrgenommen, die philanthropisch orientiert waren oder die sich in anderer Weise dem Gemeinwohl verpflichtet fühlten. Eines dieser Aufgabenfelder war insbesondere die Versorgung der »Armen«. Zwar begannen schon im 16. Jahrhundert die Kommunen, im Interesse der öffentlichen Ordnung und um »unkoordiniertes Almosengeben« zu verhindern, Aufgaben der Armenhilfe zu übernehmen, doch war bis zur Herausbildung des Sozialstaats, die in Deutschland im letzten Drittel des 19. Jahrhunderts anzusetzen ist, private Wohltätigkeit verbunden mit ehrenamtlichem Engagement von entscheidender Bedeutung. Und im Grunde besteht diese Bedeutung bis heute fort. Übernahm der Staat nämlich die Sicherung der Bürger – und dies waren zunächst vor allem die Arbeiter – vor

den elementaren Lebensrisiken, so blieben noch vielerlei Problemlagen übrig, bei denen Menschen auf Unterstützung und Hilfe angewiesen waren. Auch heute noch gibt es zahlreiche Aufgaben, die vom Staat nicht erfüllt werden können beziehungsweise die vor dem Hintergrund eines durch Eigeninitiative und Solidarität bestimmten Menschen- und Gesellschaftsbildes vom Staat auch gar nicht erfüllt werden sollen.
Betrachtet man die Entwicklung der ehrenamtlichen Betätigung während der letzten 150 Jahre, so zeigt sich, dass ehrenamtliches Engagement immer auch Frauen, insbesondere jenen des Bürgertums, die Möglichkeit bot, der Bindung an den häuslichen Lebenskreis zu entgehen und in einer gesellschaftlich anerkannten Form außerhalb des traditionellen Wirkungskreises tätig zu werden – und dies lange bevor Frauen etwa das Wahlrecht erhielten. Dass ehrenamtliches Engagement eine nicht zu unterschätzende Rolle im Prozess der Festigung der gesellschaftlichen Stellung der Frau spielte, gilt im Übrigen nicht nur für Deutschland, sondern vielleicht noch stärker für andere Länder, etwa für England und die USA.
Die Betätigung außerhalb des primären Lebensraumes ist bis zu einem gewissen Grad auch heute noch Ausdruck der Bindung von Menschen an bestimmte soziale Milieus, in denen das Engagement in der Kirchengemeinde, im Verein, in der Gewerkschaft oder in der Partei einen hohen Stellenwert hat. Es schlägt sich hier aber auch eine allgemeine gesellschaftliche Mobilisierung nieder, die Ende der 60er Jahre einsetzte. Diese Mobilisierung ist vor allem zu beobachten im Bereich der Politik, wo Bürgerinitiativen, Unterschriftenaktionen und Demonstrationen zwar noch zu den »unkonventionellen« Formen des bürgerschaftlichen Engagements gezählt werden, faktisch aber zur Normalität gehören. Größer als dies vom tatsächlichen Ausmaß her gerechtfertigt gewesen wäre, war bis vor kurzem auch die Beachtung, welche der Selbsthilfebewegung geschenkt wurde. Demgegenüber weniger Aufmerksamkeit fand das Feld des ehrenamtlichen Engagements, vielleicht

weil diese Form des Engagements als »konventionell« gilt, weil sich dort weniger spektakuläre Aktionen finden und weil sie als eine über die Zeit hinweg sich kaum verändernde Erscheinung angesehen wird.
Tatsächlich unterliegt das Ehrenamt aber einem tief greifenden Strukturwandel. Von einem Strukturwandel des Ehrenamts kann einmal im Hinblick auf dessen politische und sozialwissenschaftliche Einschätzung gesprochen werden. Es handelt sich also um einen Wandel auf der Ebene der die öffentliche Wahrnehmung und Urteilsbildung bestimmenden Konzepte. Dabei wird ehrenamtliches Engagement zunehmend in den Kontext der »Bürgergesellschaft« gestellt.[5] Auf der Phänomenebene haben wir es in zweifacher Hinsicht mit einem Strukturwandel zu tun. Einmal verändern sich die dominanten Motive der Menschen, die sich ehrenamtlich betätigen. Zum anderen wandeln sich die Handlungsformen, in denen sich heute ehrenamtliches Engagement manifestiert.

2. Ehrenamtliches Engagement als Element der »Bürgergesellschaft«

Was es bedeutet, ehrenamtliches Engagement im Kontext der »Bürgergesellschaft« zu sehen, zeigt sich, wenn wir uns vor Augen halten, dass auch heute noch die in der gesellschaftlichen und politischen Diskussion der 70er und 80er Jahre des zwanzigsten Jahrhunderts verbreitete Vorstellung weiterwirkt, es gebe für alle Lebensbereiche zunächst einmal eine grundsätzliche staatliche Zuständigkeit. Nur wenn der Staat nicht in der Lage sei, seine aus dieser Allzuständigkeit resultierenden Verpflichtungen zu erfüllen oder wenn er von bestimmten übel wollenden Gruppen daran gehindert werde, müssten andere Kräfte in Erscheinung treten. Diese Vorstellung ist indessen historisch falsch und überdies für eine freiheitliche Gesellschaftsordnung gefährlich.

Historisch falsch ist die Vorstellung von einer Allzuständigkeit des Staates, weil es über Jahrhunderte hinweg als Selbstverständlichkeit galt, dass für die Gestaltung seiner Lebensbedingungen der Einzelne als Mitglied primärer Gemeinschaften zuständig war. Dies galt für die Betreuung von Kindern ebenso wie für die Pflege von Alten, für die Versorgung von Kranken ebenso wie für die wirtschaftliche Sicherung derjenigen, die nicht aus eigenen Mitteln für sich sorgen konnten. Eine Zuständigkeit des Staates ist historisch neu und im Grunde nur auf den Sozialstaat bezogen, wie er sich in Deutschland in den 80er Jahren des 19. Jahrhunderts herauszubilden begann und sich nach dem Zweiten Weltkrieg in den meisten Ländern der westlichen Welt entwickelt hat.[6] Und auch dieser Sozialstaat stieß schon vor mehr als zwei Jahrzehnten sichtbar an seine Grenzen. Von einer erklärten Allzuständigkeit des Staates kann in gewisser Weise im Hinblick auf die früheren sozialistischen Länder gesprochen werden, doch handelt es sich hierbei ja typischerweise um Gebilde, die weder ihrem eigenen Anspruch noch den Erwartungen der Menschen genügen konnten.

Für eine freiheitliche Gesellschaftsordnung gefährlich ist die Vorstellung von der Allzuständigkeit des Staates, weil ihr ein Menschenbild zugrunde liegt, das durch Misstrauen gegenüber der Initiative und der Handlungskompetenz des Bürgers gekennzeichnet ist und in dem davon ausgegangen wird, dass »der Staat« oder »die Experten« im Einzelfall immer besser wissen, was für den Einzelnen gut ist als dieser selbst. Natürlich gibt es Fälle, in denen Entscheidungen getroffen werden müssen, welche – wiewohl in seinem Interesse – die Einsichtsfähigkeit des Einzelnen übersteigen, doch lebt ein freiheitliches Gemeinwesen davon, dass dies nur in Ausnahmefällen geschieht. Grundsätzlich lebt ein freiheitliches Gemeinwesen von der Selbstverantwortung und der Mitarbeit der Bürger. Ein Ausdruck dieser Mitarbeit ist das ehrenamtliche Engagement. Handlungsleitend muss freilich der Grundsatz der Freiwilligkeit sein. Dieser Hinweis erscheint insbesondere im Hinblick auf jene Menschen wichtig, die über vierzig Jahre hinweg zu »Engagement« durch Staats- und Parteiorgane verpflichtet wurden. Gefragt ist ehrenamtliches Engagement in allen Bereichen unseres Lebens, im Sozialbereich und im Sport ebenso wie in der Kultur und im Rechtswesen. Und tatsächlich zeigt sich immer wieder, dass Bürger, die sich engagieren, dies in mehreren Bereichen gleichzeitig tun.

Das Phänomen des ehrenamtlichen Engagements hat in der seit einigen Jahren geführten Diskussion um die »Bürgergesellschaft« oder »Zivilgesellschaft« neue Aufmerksamkeit gefunden. Bei der Bürgergesellschaft geht es im Wesentlichen darum, dass sich der Einzelne nicht als passiver Klient staatlicher Maßnahmen, sondern als aktiver Bürger begreift. In diesem Zusammenhang wurde vom Wandel der »Zuschauerdemokratie zur Mitmachgesellschaft« gesprochen.[7] Ehrenamtliches Engagement ist ein wesentliches Merkmal einer solchen »Mitmachgesellschaft«. Es ist Ausdruck dessen, was wir gewöhnlich als Solidarität bezeichnen. Solidarität im Sinne eines Einstehens für andere ist begründet in der gegenseitigen Abhängigkeit der Menschen. Dabei ist der Einzelne von anderen Einzelnen abhängig, das Kind etwa von der Mutter. Der Einzelne ist aber auch von größeren Gemeinschaften abhängig. Diese wiederum sind zu ihrem Erhalt auf die Unterstützung durch jedes ihrer Mitglieder angewiesen.

Die immer wieder aufs Neue entfachte gesellschaftliche Diskussion um das, was Solidarität ist beziehungsweise sein soll, krankt freilich daran, dass häufig nicht unterschieden wird zwischen freiwillig geleisteter und eingeforderter Solidarität. Heute ist es so, dass sowohl derjenige, der bereit ist, sich für andere einzusetzen, als auch derjenige, der Ansprüche gegenüber der Gemeinschaft erhebt, sein Tun unter Rückgriff auf das Prinzip der Solidarität begründen kann. Gewöhnlich wird auch nicht unterschieden zwischen einer Solidarität, die der Durchsetzung von Gruppeninteressen dient und einer am Gemeinwohl orientierten Solidarität. Im ersteren Sinne war Solidarität ein Kampfbegriff der Arbeiterbewegung sowohl auf nationaler als auch auf internationaler Ebene, wenngleich hier gewöhnlich im Bereich der politischen Rhetorik verbleibend. Erscheinungsformen von Solidarität im Sinne von Gruppensolidarität finden sich zuhauf in unserer Gesellschaft. Die Durchsetzung von Lohnforderungen unter Außerachtlassung der Interessen der Arbeitslosen oder die Beibehaltung von für die Mitarbeiter zwar komfortablen, für die Klienten aber unpraktischen Öffnungszeiten von Geschäften und Behörden sind Ausdruck von Gruppensolidarität. Generell scheint es wohl so zu sein, dass Gruppensolidarität leichter zu praktizieren ist als eine am Gemeinwohl orientierte Solidarität.

Ehrenamtliches Engagement ist freiwillig geleistete und gleichzeitig am Gemeinwohl orientierte Solidarität. Ehrenamtliches Engagement als Ausdruck von Solidarität ist dabei angesiedelt zwischen der im Nahraum der Menschen praktizierten Solidarität und der staatlich organisierten Solidarität. Nahraumbezogene Solidarität, wie sie in der Familie, in der Verwandtschaft und im Freundeskreis stattfindet, ist gewöhnlich Teil umfassender Bindungen und Handlungszusammenhänge. Was sich für den Außenstehenden als Ausdruck von Solidarität darstellt, ist allerdings oftmals nur schwer abzugrenzen vom typischen Alltagshandeln in der Familie, in der Verwandtschaft oder im Freundeskreis. So gehört es eben zur Rolle der Mutter, ihr krankes Kind zu pflegen oder zur Rolle des Sohnes, seinem in der Nachbarschaft lebenden alten Vater beschwerliche Arbeiten abzunehmen. Auch wenn solchen Normen im Einzelfall nicht immer entsprochen wird, so herrscht doch nach wie vor weitgehend Konsens darüber, dass ihnen Geltung zukommt.

Den Gegenpol zur nahraumbezogenen Solidarität stellt die staatlich organisierte Solidarität dar. Es ist diese Form der Makrosolidarität, auf der die sozialstaatliche Daseinsvorsorge beruht.[8] Hier wird vom Bürger in seiner Rolle als Beitrags- und Steuerzahler Solidarität abverlangt. Er kann sich ihr legal nicht entziehen. Im Übrigen muss auch der Staat in solchen

Ländern, in denen die Daseinsvorsorge stärker privatwirtschaftlich gestaltet und organisiert ist, in einem gewissen Maße Solidarität einfordern. So muss er etwa seine Bürger zum Beitritt zu privatwirtschaftlich ausgerichteten Einrichtungen der Daseinsvorsorge verpflichten. Er muss dies deshalb tun, um Verhaltensweisen auszuschließen, die als »Trittbrettfahrertum« bezeichnet werden. Damit ist ein Verhalten gemeint, bei dem Menschen sich der finanziellen Beteiligung an ihrer sozialen Absicherung entziehen, weil sie darauf vertrauen, bei Eintritt einer Notlage letztlich doch aus öffentlichen Mitteln unterstützt zu werden.

Zwischen der konkreten nahraumbezogenen Solidarität und der abstrakten staatlich organisierten Solidarität steht nun die Solidarität, die wesentlich durch bürgerschaftliches Engagement hervorgebracht wird und die als »Mesosolidarität« bezeichnet werden kann. Es handelt sich hierbei um eine Solidarität, die über Familie, Verwandtschaft und Freundeskreis hinausreicht. Sie ist weder in der Selbstverständlichkeit des alltäglichen Zusammenlebens angesiedelt, noch wird sie vom Staat zwangsweise eingefordert. Ausdruck staatlich eingeforderter Solidarität ist die Verpflichtung eines Arbeiters oder eines Angestellten, Beiträge zur Kranken-, Renten-, Arbeitslosen- oder Pflegeversicherung zu entrichten. Es bleibt ihm indessen überlassen, dem Obdachlosen, der ihn auf der Straße anspricht, etwas zu geben, eine Spende für eine soziale Einrichtung zu entrichten oder sich in einem Krankenhausbesuchsdienst zu engagieren.

Gerade weil die im ehrenamtlichen Engagement zum Ausdruck kommende Solidarität nicht vom Staat angeordnet und von den Leistungsempfängern auch nicht eingefordert werden kann, ist sie für eine Gesellschaft außerordentlich wichtig. Bei demjenigen, an den sie sich wendet, trägt sie dazu bei, dass er oder sie ein Gefühl der Zugehörigkeit zu einer Gemeinschaft entwickeln kann, was wiederum eine Voraussetzung für Vertrauen ist. Wo solidarisches Handeln sich an reale Menschen wendet, wird bei demjenigen, der sich engagiert, die Fähigkeit gestärkt, sich in die Lage anderer Menschen hineinzuversetzen – und eben gerade in die Lage solcher Menschen, die nicht dem primären Lebensraum angehören. Wo sich Menschen in einer an der Förderung des Gemeinwohls orientierten Vereinigung zusammenschließen, machen sie Erfahrungen, die sie dazu befähigen, aus freien Stücken und in Abstimmung mit anderen zielgerichtet zu handeln. Vertrauen, die Fähigkeit, sich in andere hineinzuversetzen und die Fähigkeit, sich mit anderen zusammenzuschließen, sind aber wiederum wichtige Elemente dessen, was man als Sozialkapital einer Gesellschaft bezeichnet.[9]

3. Größenordnungen

Die Angaben über das Ausmaß ehrenamtlichen Engagements in Deutschland gehen weit auseinander. Was die alten Bundesländer anbelangt, so kann als Untergrenze etwa die Zahl von 1,5 Millionen angesehen werden. Es handelt sich dabei um solche Ehrenamtliche, die im Umkreis der großen Wohlfahrtsverbände tätig sind. Hinzuzuzählen sind aber auch die Bereiche Sport, Umweltschutz, Katastrophenschutz und Bildung. Bei Umfragen, in denen ohne nähere Klärung des Begriffs zum Umfang des ehrenamtlichen Engagements gefragt wird, besteht das Problem, dass die Beteiligten darunter oftmals Unterschiedliches verstehen. Sehen sich die einen nur dann als Ehrenamtliche, wenn sie bei fester Bindung an eine Organisation tätig sind, so verstehen sich andere als ehrenamtlich aktiv, wenn sie Unterstützung und Hilfe in eigener Regie in ihrem sozialen Umfeld leisten. So heißt es denn auch in dem im Jahre 2000 veröffentlichten »Freiwilligensurvey 1999«: »Tatsache ist, dass alle Aussagen zur Zahl der freiwillig oder ehrenamtlich engagierten Menschen in Deutschland in hohem Maße von methodischen Unsicherheiten bestimmt sind. Das ist im Grunde nicht verwunderlich, wenn man bedenkt, wie vielfältig und schwer greifbar das Spektrum an Tätigkeiten ist, das hier erfasst werden soll.«[10]

In einer internationalen Studie zum »Volunteering« wurde dem verwendeten Fragebogen der Hinweis vorangestellt, dass es beim »Volunteering« um die Zeit gehe, die freiwillig und ohne Entgelt einer Organisation zur Verfügung gestellt wird.[11] Ziel sollte sein, diese Zeit Menschen oder einer besonderen Sache zukommen zu lassen. Wichtig ist hierbei der Hinweis auf die unbezahlte Arbeit, die in Anbindung an eine Organisation oder Gruppe erfolgt. Reine Mitgliedschaft wird dabei noch nicht als »Volunteering« angesehen.[12] Unter Zugrundelegung dieses Verständnisses von »Volunteering« ergibt sich, dass im Jahre 1994 in den in die Untersuchung einbezogenen zehn Ländern 27 Prozent der Bevölkerung in der einen oder anderen Weise engagiert waren. Dabei war das Engagement in den Niederlanden und Schweden mit 38 beziehungsweise 36 Prozent am stärksten ausgeprägt. Am schwächsten war es in Deutschland und in der Slowakei mit 18 beziehungsweise 12 Prozent.[13] In den USA waren einer Erhebung von »Independent Sector« zufolge im Jahre 1998 fast 56 Prozent der Erwachsenen mit durchschnittlich dreieinhalb Stunden pro Woche als »Volunteer« tätig.[14] Zu einem deutlich höheren Wert für Deutschland kommt der »Freiwilligensurvey 1999«. So sollen 34 Prozent der Bundesbürger über 14 Jahre »nach eigener Angabe in irgendeiner Form ehrenamtlich beziehungsweise freiwillig engagiert« sein.[15] Es handelt sich dabei um ein Engagement in dem Sinne, »dass man in Vereinen, Initiativen, Projekten, Selbsthilfegruppen oder Einrichtungen aktiv mitmacht und dort unbezahlt oder gegen geringe Aufwandsentschädigung freiwillig übernommene Aufgaben oder Arbeiten ausübt«.[16]

Entgegen der häufig anzutreffenden Auffassung, ehrenamtliches Engagement sei vor allem etwas für Menschen, die aus dem Arbeitsleben ausgeschieden sind, zeigte sich in der internationalen Vergleichsstudie, dass im Durchschnitt der zehn in die Untersuchung einbezogenen europäischen Länder das En-

gagement in der Altersgruppe 45 bis 54 Jahre am stärksten ausgeprägt war. In dieser Altersgruppe gaben 32 Prozent der Befragten an, als »Volunteer« tätig zu sein. In der Altersgruppe 35 bis 44 Jahre waren es 28 Prozent, in der Gruppe der 65-jährigen und älteren hingegen nur 21 Prozent. Sieht man sich die Werte für Deutschland genauer an, dann war das Engagement auch hier in der Altersgruppe 45 bis 54 Jahre am stärksten ausgeprägt, freilich mit 21 Prozent deutlich unter dem Durchschnitt aller erfassten Länder. In dieser Altersgruppe waren etwa in Schweden 42 Prozent der Befragten und in den Niederlanden 39 Prozent engagiert. In der Altersgruppe der 65-jährigen und älteren waren in Deutschland nur 13 Prozent engagiert, in den Niederlanden hingegen 37 Prozent und in Schweden 36 Prozent.[17] Auch im »Freiwilligensurvey 1999« wird festgestellt, dass in Deutschland in der Altersgruppe der 60- bis 69-jährigen der Anteil der Engagierten mit 31 Prozent niedriger ist als in der Gruppe der 50- bis 59-jährigen, in der 38 Prozent freiwillig engagiert sind.[18] Und was schließlich die Arbeitslosen anbelangt, so kommt der Survey zu dem Ergebnis, dass von ihnen nur 22 Prozent freiwillig engagiert sind. Dies wird damit in Zusammenhang gebracht, dass die gesellschaftliche Partizipation von Arbeitslosen generell geringer ist, »d. h. sie machen weniger mit in Gruppen, Vereinen, Organisationen und Einrichtungen«.[19] Seien Arbeitslose aber irgendwo aktiv, so sei ihre Bereitschaft zum Engagement nicht geringer als bei den übrigen Beteiligten.
Was die Häufigkeit der Betätigung anbelangt, so gaben im »Freiwilligensurvey 1999« drei Prozent der Befragten an, sie seien täglich aktiv. Mehrmals in der Woche betätigten sich 23 Prozent, einmal pro Woche 21 Prozent, mehrmals im Monat 24 Prozent, einmal im Monat 15 Prozent und seltener 13 Prozent. Der zeitliche Umfang des Engagements betrug bei fünf Prozent der Befragten eine Stunde pro Monat. Bei 19 Prozent waren es zwei bis unter fünf Stunden, bei 22 Prozent fünf bis unter zehn Stunden, bei 24 Prozent zehn bis unter 20 Stunden und bei 13 Prozent 20 bis unter 30 Stunden. Immer-

hin sieben Prozent hatten einen monatlichen Einsatz von 30 bis unter 50 Stunden, vier Prozent sogar einen von mehr als 50 Stunden.[20]

Alles in allem unterscheiden sich von ihrer gesellschaftlichen und wirtschaftlichen Struktur her durchaus vergleichbare Länder sowohl hinsichtlich des Engagements überhaupt als auch hinsichtlich des zeitlichen Umfangs. Dabei ist es allerdings nicht so, dass eine stark entwickelte Wohlfahrtsstaatlichkeit automatisch die Bereitschaft zum freiwilligen Einsatz für andere Menschen und für das Gemeinwohl ausschließt. Ansonsten hätte Schweden keinen so hohen Anteil an Menschen, die sich als »Volunteers« betätigen. Wohl eher spielt eine Rolle, ob der Staat ein Engagement der Bürger zulässt und es sogar fördert oder ob er fürchtet, hier laufe etwas ab, was seiner Kontrolle weitgehend entzogen ist. In Ländern wie den USA und Kanada spielt darüber hinaus die Tatsache eine Rolle, dass sich im Zuge der Besiedlung des Kontinents die Menschen auf lokaler Ebene zunächst einmal selbst ihre Ordnung schaffen mussten, ehe der Staat auf den Plan trat. Hier hatte das Engagement der Bürger eine in einem ganz elementaren Sinne existentielle Bedeutung. Und dies erklärt auch, weshalb selbst bei einer im historischen Rückblick wachsenden staatlichen Durchdringung des Lebens – die freilich immer noch unter dem westeuropäischen Niveau liegt – »Volunteering« in Nordamerika nach wie vor für viele Menschen eine Selbstverständlichkeit darstellt.

4. Handlungsfelder

Dem »Freiwilligensurvey 1999« zufolge ist in Deutschland das bevorzugte Tätigkeitsfeld von Ehrenamtlichen der Bereich »Sport und Bewegung«. Hier waren 22 Prozent der Ehrenamtlichen engagiert. Es folgen die Bereiche »Schule/Kindergarten« mit zwölf Prozent, »Freizeit und Geselligkeit« sowie

»Kirche/Religion« mit jeweils elf Prozent, »Kultur und Musik« mit zehn Prozent und der soziale Bereich mit acht Prozent.[21] Betrachtet man die »Volunteers« im Hinblick auf die von ihnen übernommenen Aufgaben, dann nannte in der internationalen Vergleichsstudie in Deutschland ein knappes Drittel der Befragten »Besuchen/sich um Menschen kümmern«. In diesem Zusammenhang ist etwa an Krankenhaus- und Altenheimbesuchsdienste sowie an die ambulante Altenhilfe zu denken. An zweiter Stelle stand der Aufgabenbereich »Unterricht und Ausbildung«. An dritter Stelle standen gemeinsam die Bereiche »Geldsammlung« sowie »Ausschußarbeit/Komitee«. Im Durchschnitt der zehn Länder stand der Bereich »Geldsammlung« an der Spitze, gefolgt von den Bereichen »Ausschußarbeit/Komitee« und »Besuchen/sich um Menschen kümmern«. Während in Deutschland Aufgaben im Vordergrund standen, bei denen es um den Umgang mit konkreten Menschen ging, kam in Dänemark, Irland, den Niederlanden und in Großbritannien der Mitarbeit in Ausschüssen und Komitees eine größere Rolle zu.[22]

Die Annahme, dass die meisten »Volunteers« auch Mitglied der Organisation sind, für die sie sich engagieren, wird durch die internationale Vergleichsstudie bestätigt. In Deutschland war dies bei zwei Drittel der »Volunteers« der Fall. Höher war der Anteil nur noch mit 86 Prozent in Schweden.[23] Dabei dürfte der im internationalen Vergleich ausgesprochen hohe gewerkschaftliche Organisationsgrad in Schweden eine nicht unbedeutende Rolle spielen. Indessen ist die Tatsache bemerkenswert, dass in Deutschland drei von zehn »Volunteers« nicht der Organisation angehören, für die sie tätig sind. Dies ist wohl Ausdruck des Bestrebens, keine allzu starke Selbstbindung einzugehen und eine übernommene Aufgabe dann, wenn sie nicht mehr mit dem persönlichen Lebensentwurf vereinbar ist, auch wieder abzugeben.

5. Motive ehrenamtlichen Engagements

Die Frage, weshalb sich Menschen außerhalb ihres sozialen Nahraums engagieren, lässt sich in den seltensten Fällen mit dem Hinweis auf einen einzigen Beweggrund beantworten. Gewöhnlich haben wir es mit einer Gemengelage von Motiven zu tun, die sich auch noch im Zeitablauf verändern. Meist sind die Motive den Beteiligten auch selbst gar nicht bewusst. Dies gilt es sich vor Augen zu halten, wenn im Folgenden auf die wichtigsten Motivgruppen eingegangen wird.[24] Obwohl sie in der Wirklichkeit selten in reiner Form vorkommen, ist es dennoch wichtig, eine Vorstellung von den relevanten Motivkomplexen zu haben, um geeignete Strategien der Ansprache von Bürgern entwickeln zu können.

Zunächst einmal lassen sich altruistische Motive ausmachen. Hier steht der Wunsch im Vordergrund, anderen Menschen bei der Bewältigung bestimmter Problemlagen zu helfen oder zur Steigerung ihrer Lebensqualität beizutragen. Dabei können altruistische Motive ganz unterschiedlich fundiert sein. Neben einer allgemein-humanitären Orientierung spielen nach wie vor, auch bei nicht-kirchengebundenen Menschen, religiöse Überzeugungen eine Rolle. Darüber hinaus stößt man auch auf eine Fundierung, die in der Psychologie als »existentielle Schuld« bezeichnet wird. Es geht dabei um das Gefühl von Menschen, dass es ihnen im Vergleich zu anderen ausnehmend gut gehe und dass ihnen daraus die Verpflichtung erwachse, sich für andere einzusetzen.

Ein zweiter großer Motivkomplex kann als »Gemeinwohlorientierung« bezeichnet werden. Handlungsleitend ist hier die Überzeugung, dass es auch in einem Staat, der die Förderung der Wohlfahrt seiner Bürger zum Ziel hat, Aufgabe des Einzelnen sei, sich für das Gemeinwohl einzusetzen. Dies kann einmal in der Form geschehen, dass man sich in den Organen der politischen Willensbildung engagiert, zum Beispiel als Gemeinderat, oder aber dass man Aufgaben übernimmt, bei denen es unmittelbar um das Wohl anderer Men-

schen geht. Dazu gehört etwa das Engagement im Rettungswesen oder im Katastrophenschutz. In anderen Ländern gehört hierzu aber auch das Engagement im Schul- und im Museumswesen.
Diese Form des Engagements ist in den USA und in Kanada besonders ausgeprägt. An vielen Schulen sind dort »Volunteers« tätig, welche die Lehrer in ihrer Arbeit unterstützen. Beispielsweise erteilen sie in Form von Einzelunterricht Nachhilfe für besonders benachteiligte Gruppen, etwa für Angehörige von Minoritäten. Laut »Independent Sector« waren im Jahre 1998 in den USA mehr als zehn Prozent aller »Volunteers« im Erziehungsbereich tätig.[25] Die Schule als Feld des bürgerschaftlichen Engagements ist in Deutschland noch kaum erschlossen, was gewiss mit fest gefügten und weithin geteilten Vorstellungen von der Zuständigkeit des Staates für das Schulwesen zusammenhängt. Derzeit würde ein solches Engagement in Deutschland wohl oftmals schon an Fragen des Haftungsrechts scheitern. Sicherlich aber würde die Frage aufgeworfen, ob auf diese Weise nicht Arbeitsplätze im Bildungssektor gefährdet werden. Dies gilt auch für den Bereich der Museen. Wer in Nordamerika ein Museum betritt, wird gewöhnlich von »Volunteers« begrüßt, auf Ausstellungsschwerpunkte aufmerksam gemacht und darauf hingewiesen, dass man für nähere Informationen zur Verfügung stehe. Verlässt man das Museum durch den »museum shop«, dann begegnen einem dort wieder »Volunteers«, die Kunstkarten, Bildbände und Poster verkaufen. Kaum jemand käme auf den Gedanken, in diesen sich als »Volunteers« engagierenden Bürgern »job killers« zu sehen.
Schließlich haben wir es mit »selbstbezogenen« Motiven zu tun. Die Erfahrung zeigt, dass mit ehrenamtlicher Betätigung oder mit der Ausübung eines Wahlamtes auch das Bestreben verbunden sein kann, Ansehen in der sozialen Umgebung zu erlangen, den persönlichen Einfluss zu erweitern oder gar Macht auszuüben. Zwar ist davon auszugehen, dass diese Motive nur in einer Minderheit aller Fälle wirklich vorherr-

schend sind, doch spielen sie gewiss eine Rolle in Verbindung mit anderen Motiven. Schließlich kann ein altruistischen Beweggründen entspringendes Handeln ja auch das Ansehen in der Gemeinde steigern. Und schließlich kann die Übernahme eines Wahlamtes, bei dem durchaus die Orientierung am Gemeinwohl im Vordergrund steht, auch den Einfluss in der Gemeinde erhöhen.
Im Sozialbereich zeigt sich immer wieder, dass etwa dem Engagement in einer Selbsthilfegruppe oder in einer ehrenamtlichen Vereinigung der Wunsch zugrunde liegt, über einen erlittenen Verlust hinwegzukommen. So trifft man auf das Phänomen, dass die Frau, die jahrelang ihren pflegebedürftigen Mann versorgt hat, sich nach dessen Tod in einem entsprechenden Helferkreis oder in einer organisierten Nachbarschaftshilfe engagiert, um weiterhin bei der Versorgung pflegebedürftiger Menschen zu helfen. Dies mag einmal aus dem Bedürfnis heraus geschehen, Erfahrungen weiterzugeben, fußt häufig aber auch in dem Bestreben, dem sehr stark auf die Versorgung eines anderen Menschen konzentrierten Leben auch weiterhin einen Sinn zu geben.
Schließlich äußert sich die Selbstbezogenheit von Engagement auch darin, dass sich Menschen ganz bewusst von der Frage leiten lassen, welchen persönlichen Ertrag sie daraus ziehen. Ein solcher persönlicher Ertrag kann etwa bestehen in der Erweiterung des Interessenhorizonts, im Sammeln von Erfahrungen oder im Aufbau von sozialen Kontakten. Auch ein Bezug zum Erwerbsleben ist heute, anders als in der Vergangenheit, häufig vorhanden. Zwar gibt es nach wie vor den Typus der sich ehrenamtlich betätigenden Frau, die nicht mehr ins Erwerbsleben zurück will, die aber eine Betätigung sucht, welche sie aus dem Umkreis der häuslichen Arbeit herausführt und mit anderen Menschen in Kontakt bringt. Daneben haben wir es aber heute mit Menschen zu tun, die bei ihrem Engagement die Erwerbsarbeit durchaus im Blick haben.[26] Hierbei handelt es sich wiederum vor allem um Frauen. Es geht dabei um solche Frauen, die zwar grundsätz-

lich an einer Erwerbsarbeit interessiert sind, die aber derzeit keine Chancen auf dem Arbeitsmarkt sehen oder die, weil sie kleine Kinder erziehen, vorübergehend nicht erwerbstätig sein wollen. Für sie verbindet sich mit dem Engagement – sicherlich nicht nur, aber eben auch – eine bestimmte Absicht: Sie wollen Qualifikationen erwerben oder erhalten, die Vorteile bei der Suche nach einem Arbeitsplatz verschaffen oder die beim Wiedereinstieg in den früheren Beruf nützlich sind.

6. »Traditionelles« und »neues« Ehrenamt

Insbesondere beim sozialen Ehrenamt hat sich in den letzten beiden Jahrzehnten ein Wandel im Erscheinungsbild vollzogen. Bis in die 70er Jahre hinein war Ehrenamtlichkeit in starkem Maße an die Verbände der Freien Wohlfahrtspflege und an die Kirchengemeinden gebunden. Das Engagement speiste sich teils aus der Zugehörigkeit zu bestimmten sozialen Kreisen, teils aus einem ausdrücklichen karitativen Engagement, teils aus nicht weiter in Frage gestellten lokalen Traditionen. Wer in der Vergangenheit ehrenamtlich tätig war, und damals wie heute spielten gerade im Sozialbereich Frauen eine große Rolle, der tat dies gewöhnlich in einem verhältnismäßig breiten Tätigkeitsbereich und ohne genau festgelegten zeitlichen Rahmen.

Heute arbeiten Ehrenamtliche hingegen immer häufiger außerhalb der Verbände. Sowohl innerhalb der Verbände, erst recht aber außerhalb, werden von den Menschen, die sich engagieren, Organisationsformen gesucht, die sich im Anschluss an Astrid Hedtke-Becker durch folgende Merkmale kennzeichnen lassen.[27] Zunächst einmal wünschen Menschen heute einen Bezug zu konkreten Problemen vor Ort. Sie wollen sehen, mit wem sie es zu tun haben und was ihr Einsatz bewirkt. Wichtig ist dabei, dass der zeitliche Einsatz kalkulierbar ist. Der Mensch, der in seinem Engagement völlig aufgeht, mag

zwar immer noch bewundert werden (vielleicht wird er mittlerweile auch schon belächelt) doch dient dieses Modell kaum mehr als Vorbild. Menschen sind bereit sich zu engagieren, wollen aber den zeitlichen Umfang ihres Einsatzes kennen.
Darüber hinaus wünschen sich viele Menschen gleichsam ein Engagement »auf Zeit«. Dies zu akzeptieren, fällt altgedienten Ehrenamtlichen schwer, und auch die Verbände hatten ihre Probleme damit. Indessen ist man heute mehr und mehr bemüht, diesem Anliegen Rechnung zu tragen. So heißt es etwa in einer Stellungnahme des Malteser-Hilfsdienstes: »Ein Malteser-Sein auf Zeit ist ganz und gar nichts Abträgliches, sondern durchaus legitim. Wer erklärt, dass er uns in einem Projekt für Asylbewerber über ein halbes Jahr an monatlich zwei Wochenenden ehrenamtlich zur Verfügung steht, sollte mit offenen Armen empfangen werden.«[28] Weiterhin müssen für die Menschen, die sich engagieren, Freiräume für selbstbestimmtes Tun vorhanden sein. Menschen wollen ihre eigenen Vorstellungen bis zu einem gewissen Grad verwirklichen. Schließlich soll die Arbeit in einer Gruppe erfolgen, in der man sich auch von der sozialen Einbettung her wohl fühlt. Das Gefühl der Zugehörigkeit und des Akzeptiertwerdens kann geradezu als eine Belohnung für Engagement angesehen werden.
In diesem Zusammenhang ist auch der Wunsch zu sehen, auf die Entscheidungen der Gruppe, in der man tätig ist, Einfluss zu nehmen. Nicht um die Mitarbeit an anderweitig gesetzten Zielen geht es also, sondern um die Formulierung eigener Ziele, zumindest aber um die mit den eigenen Vorstellungen zu vereinbarende Umsetzung vorgegebener Ziele. Dass sich hierbei Konflikte mit Verbänden, mit öffentlichen Einrichtungen oder mit Kirchen ergeben können, liegt auf der Hand. Wo die »Selbstverwirklichung« der Handelnden ganz offensichtlich im Vordergrund steht, stellt sich nämlich irgendwann auch die Frage, ob noch von Engagement im Sinne des Einsatzes für andere oder für das Gemeinwohl gesprochen werden kann.

7. Die Förderung ehrenamtlichen Engagements

Die Veränderungen im Erscheinungsbild des Ehrenamtes beziehungsweise des »Volunteering« oder der »Freiwilligenarbeit« verlangen auch neue Formen der Ansprache von interessierten Bürgern. Zwar kann aus der bei Umfragen bekundeten Bereitschaft zu einem Engagement außerhalb des sozialen Nahraums nicht unmittelbar auf die Größe des tatsächlichen Potentials geschlossen werden, doch zeigt die Erfahrung, dass es eine nicht zu unterschätzende Zahl von Menschen gibt, die durch geeignete Formen der Ansprache zur Mitarbeit bewogen werden können. Die am breitesten angelegte Form der Ansprache ist gewiss die Werbung. Auf kommunaler Ebene kommen hierfür vor allem gemeindenahe Medien wie Lokalpresse, Stadtteilzeitungen oder Mitteilungsblätter in Frage. Die Wirkung von über die Medien geführten Kampagnen ist freilich nicht allzu hoch zu veranschlagen. Gewiss werden einige Bürger auf diese Weise veranlasst, mit einem Verband, einer Initiativgruppe oder einer Selbsthilfevereinigung Kontakt aufzunehmen. Größer dürfte indessen die indirekte Wirkung einer über die Medien erfolgenden Ansprache sein, da auf diese Weise Aufmerksamkeit erzeugt und Interesse geweckt werden kann. Daran kann dann eine persönliche Ansprache anknüpfen.

Eine solche persönliche Ansprache wird von vielen Praktikern als der einzig erfolgversprechende Weg angesehen. Die Initiative hierzu kann nicht nur von »Funktionären« in den jeweiligen Institutionen ausgehen, sondern auch von Personen, die, ohne eine Führungsaufgabe übernommen zu haben, sich in bestimmten Bereichen bereits engagieren. Vieles spricht dafür, dass gerade solche Personen besonders glaubwürdig erscheinen. Dabei ist im Auge zu behalten, dass die Angesprochenen einen Zusammenhang zwischen ihren Interessen und Fähigkeiten einerseits und dem jeweiligen Aufgabengebiet andererseits erkennen können und dass es sich um einen überschaubaren Aufgabenbereich handelt. Es geht also darum, ein möglichst konkretes Bild von dem in Frage kommenden Aufgabenfeld zu vermitteln. Dabei dürfen Probleme nicht verschwiegen werden. Es sollten indessen auch die Werte deutlich gemacht werden, die für eine Vereinigung oder eine Einrichtung handlungsleitend sind. Allgemeine Appelle an bürgerschaftliches Engagement sind zu abstrakt. Obwohl sich viele davon angesprochen fühlen, können nur wenige einen Bezug zu ihren persönlichen Möglichkeiten herstellen. Bürgerschaftliches Engagement muss sich für die Angesprochenen an konkreten Aufgabenfeldern verdeutlichen. Oftmals wird bei der Ansprache von Interessierten darauf abgehoben, dass eine fachliche Einführung in das jeweilige Aufgabenfeld gegeben wird, die auch für den privaten Bereich von Nutzen sein kann. Dies gilt für Kurse zur häuslichen Krankenpflege ebenso wie für Kurse im Umgang mit technischen Geräten im Katastrophenschutz.

Haben die Angesprochenen ihr Interesse an der Mitarbeit in einem bestimmten Aufgabenfeld bekundet, dann kommt es für die Verbände und Gruppierungen darauf an, einen gründlichen Einblick in ihre Strukturen und die in diesen Strukturen ablaufenden Prozesse zu geben, ohne dabei durch eine Fülle von Details zu verwirren. Insbesondere größere Organisationen, die unvermeidbar eine gewisse bürokratische Struktur aufweisen, haben mit Vorbehalten und Hemmungen auf Seiten der interessierten Bürger zu rechnen. Diesen Bürgern muss ein realistisches Bild von den Organisationen gegeben werden, in der sie tätig sein wollen oder in deren Umkreis sie sich zu engagieren beabsichtigen. Die Organisationen müssen aber auch das Gefühl vermitteln, dass sie nicht billige Arbeitskräfte oder schiere Statisten suchen, sondern Mitarbeiterinnen und Mitarbeiter, die sich zwar nur in einem beschränkten Umfang engagieren können und wollen, die aber dennoch einen eigenen Status haben und auch spezifische Funktionen erfüllen. Als außerordentlich wichtig hat sich in diesem Zusammenhang erwiesen, das Verhältnis zu den in den Organisationen tätigen Fachkräften von vornherein klar-

zustellen. Dies kann im Rahmen einer gezielten Einweisung in das Tätigkeitsfeld geschehen, viel wichtiger sind aber auch hier wieder persönliche Kontakte zu bereits engagierten Bürgern.
Schließlich erscheint wichtig, dass potentiellen Mitarbeiterinnen und Mitarbeitern zwar ein konkretes Bild von dem Aufgabenfeld vermittelt wird, für das sie sich interessieren, dass sie aber, von Ausnahmen abgesehen, nicht für ganz spezifische Aufgaben geworben werden. Zu leicht könnte nämlich der Eindruck aufkommen, man werde nur dazu gebraucht, eine aufgetretene Lücke zu füllen. Erfahrene Mitarbeiterinnen und Mitarbeiter in Vereinigungen und Verbänden empfehlen deshalb, innerhalb eines Arbeitsgebietes stets mehrere Aufgaben zur Auswahl anzubieten. Dabei trägt es durchaus zum Aufbau eines Vertrauensverhältnisses zwischen den neu Hinzukommenden und den bereits seit längerem Tätigen sowie den gegebenenfalls vorhandenen Fachkräften bei, wenn im persönlichen Gespräch sorgsam abgewogen wird, welche Gründe für oder gegen die Übernahme einer bestimmten Aufgabe sprechen.
Bislang erfolgte die Ansprache von Bürgern im Hinblick auf ein nicht mit Einkommenserzielung verbundenes Engagement außerhalb des sozialen Nahraums überwiegend durch die entsprechenden Organisationen und Gruppierungen beziehungsweise durch deren Mitarbeiterinnen und Mitarbeiter. Denkbar ist aber auch eine Ansprache durch nicht unmittelbar an Organisationen und Gruppierungen gebundene Einrichtungen, die den Charakter von Anlauf-, Beratungs- und Clearingstellen haben. Dies können etwa im Hinblick auf ältere Menschen die in vielen Kommunen bestehenden Seniorenbüros sein.[29] Dies können aber auch speziell zur Förderung von bürgerschaftlichem Engagement ins Leben gerufene Institutionen sein. Derartige Stellen sind vor allem wichtig für solche Bürger, bei denen eine prinzipielle Bereitschaft zum Engagement gegeben ist, die aber nicht wissen, welche Möglichkeiten es vor Ort gibt oder die sich nicht im Klaren darü-

ber sind, welches Aufgabengebiet ihren Neigungen und Fähigkeiten am besten entspricht.

In diesem Zusammenhang liegt ein Blick auf Großbritannien nahe, wo im Jahre 1973 das »Volunteer Centre« als eine auf nationaler Ebene angesiedelte Institution zur Förderung der freiwilligen Arbeit gegründet wurde. Dabei ging es um folgende Aufgaben: Information, Beratung, Schulung und Fortbildung von »Volunteers« sowie Fortentwicklung des »Volunteering«. Auf lokaler Ebene wurden »volunteer bureaux« gegründet. Ähnliche Einrichtungen gibt es auch in den USA und in den Niederlanden. In Deutschland wurde, zeitlich etwas versetzt, mit der Einrichtung von Informations- und Kontaktstellen, die modellhaft in einigen deutschen Städten errichtet wurden, ein ähnlicher Weg eingeschlagen. Mittlerweile gibt es eine ganze Reihe von so genannten Freiwilligen-Zentren, die als Anlauf-, Beratungs- und Vermittlungsstellen für an freiwilliger Betätigung interessierte Bürger fungieren. Die heute vorfindbaren Formen von Anlauf-, Beratungs- und Clearingstellen sind in gewisser Weise eine Reaktion auf die Tatsache, dass eine individuelle Bereitschaft zum Engagement zwar eine notwendige, aber noch keine hinreichende Bedingung für die tatsächliche Mitarbeit in einem konkreten Aufgabenbereich ist.[30] Angesichts der Differenziertheit der Handlungsfelder und angesichts der Vielzahl der Organisationen und Gruppierungen kommt der »Passung« von individuellen Fähigkeiten und Neigungen einerseits und realen Handlungsbedingungen in einem Aufgabenbereich andererseits eine entscheidende Bedeutung zu. Den geeigneten Rahmen für eine solche Passung zu schaffen, ist deshalb eine wichtige gesellschaftspolitische Aufgabe.

Wer sich auf einem bestimmten Gebiet zum Wohle seiner Mitbürger einzusetzen bereit ist, muss ein Wissen darüber haben, worum es in dem jeweiligen Aufgabenfeld geht. Das heißt, freiwillige Mitarbeiterinnen und Mitarbeiter müssen auf ihren Einsatz vorbereitet und für ihre Tätigkeit qualifiziert werden.[31] Dazu gehört zunächst einmal, dass ihnen, wenn sie die entsprechenden Kenntnisse aufgrund ihrer privaten oder beruflichen Erfahrungen nicht mitbringen, ein Grundlagenwissen über das jeweilige Handlungsfeld vermittelt wird. Bei diesem Grundlagenwissen kann es um die Lebenssituation von Kindern und Jugendlichen in sozialen Brennpunkten ebenso gehen wie um typische Notfälle bei Großveranstaltungen oder um den ökologischen Zustand eines Landschaftsschutzgebietes.

Weiterhin geht es darum, dass die freiwilligen Mitarbeiterinnen und Mitarbeiter mit den wichtigsten Handlungsstrategien in ihrem Aufgabengebiet vertraut gemacht werden: Gestaltung von Clubabenden in der Jugendarbeit, Umgang mit Schockpatienten in der Katastrophenhilfe oder Artenbeobachtung im Umweltschutz. Dazu gehört auch die Vermittlung von Kenntnissen über die übrigen Akteure in dem jeweiligen Bereich, also Behörden, Kirchen, Verbände und Interessengruppen. Schließlich beinhaltet die Schulung auch die Vermittlung eines realistischen Bildes von durchschnittlich auftretenden Problemen und Belastungen sowie das Aufzeigen von Strategien im Umgang mit diesen Problemen und Belastungen. In dem Maße, in dem die Mitarbeiterinnen und Mitarbeiter in ihr Aufgabengebiet hineinwachsen, stellen sie sich gewöhnlich auch anspruchsvollere Aufgaben, stoßen sie aber auch auf schwierigere Probleme. Dies und die Tatsache, dass sich auch das Handlungsfeld selbst verändert, machen es erforderlich, den Beteiligten Möglichkeiten der Weiterbildung zu eröffnen.

Nicht selten wird schon bei der Ansprache von Bürgerinnen und Bürgern auf das mit einem Engagement verbundene Angebot an Schulung und Weiterbildung hingewiesen. Schulung und Weiterbildung stellen gleichsam ein Werbeargument dar. Ausgerichtet ist dieses Werbeargument auf den Wunsch vieler freiwilliger Mitarbeiterinnen und Mitarbeiter, ihren Horizont nicht nur praktisch, sondern auch intellektuell zu erweitern. Darüber hinaus zielt dieses Argument auch auf den Wunsch vieler Mitarbeiterinnen und Mitarbeiter ab, Wissen zu erwerben, das parallel oder zu einem späteren Zeitpunkt beruflich verwertet werden kann. Es ist dies ein Ausdruck der bereits angesprochenen größeren Selbstbezogenheit ehrenamtlichen Engagements. Ein solches Interesse ist natürlich legitim – zumindest so lange, wie das Engagement in einer Organisation oder einer Gruppierung nicht auf jenes Minimum zurückgeschraubt wird, das es gerade noch erlaubt, an den in der Regel kostenlosen Schulungs- und Weiterbildungsmaßnahmen teilzuhaben.

8. Gesellschaftliche Anerkennung

Angesichts der Bedeutung, welche der ehrenamtlichen Betätigung beziehungsweise der »Freiwilligenarbeit« für ein Gemeinwesen zukommt, liegt die Frage nahe, auf welche Weise diejenigen, die sich engagieren, Anerkennung für ihr Tun erfahren. Die Aussicht auf gesellschaftliche Anerkennung ist einmal wichtig, wenn Bürger auf ein mögliches Engagement angesprochen werden sollen. Gesellschaftliche Anerkennung spielt aber auch eine Rolle als ein die Motivation von Mitarbeiterinnen und Mitarbeitern stabilisierendes Moment. Von daher gesehen kommt Auszeichnungen und Ehrungen, die von Organisationen und Verbänden verliehen werden, auch wenn sie in ihrer konkreten Ausgestaltung nicht nach jedermanns Geschmack sind, eine nicht zu unterschätzende Bedeutung zu. Dies gilt auch für Ehrungen, die vom Bund, den Ländern oder den Kommunen vorgenommen werden. Inwieweit der vor einigen Jahren eingeführte Tag der Freiwilligen den Charakter einer Anerkennung hat, ist schwer zu sagen. Zumindest trägt er aber dazu bei, das Bewusstsein von der Existenz und der Notwendigkeit ehrenamtlicher Betätigung in der Öffentlichkeit wachzuhalten.

Eine praktische Form der Anerkennung stellt die Berücksichtigung ehrenamtlicher Tätigkeit bei der Vergabe von

Stipendien oder bei der Bewertung von Bewerbungen durch Personalchefs dar. Hier ist man in Ländern wie den USA sicherlich weiter als in Deutschland. Dort ist man eher bereit, in der Betätigung in einem für die Gemeinschaft bedeutsamen Aufgabenfeld einen Hinweis auf Breite der Interessen, Flexibilität und soziale Kompetenzen zu sehen. Mittlerweile scheint sich aber auch hierzulande ein gewisser Wandel im Bewusstsein der Verantwortlichen abzuzeichnen. Ob die ebenfalls als praktische Anerkennung gelegentlich geforderte Berücksichtigung freiwilliger Mitarbeit bei der Rentenberechnung eine gute Lösung darstellt, erscheint indessen fraglich. Um dem Missbrauch durch Gefälligkeitsbescheinigungen entgegenzuwirken, müssten nämlich ein ganzes Paket von Bestimmungen zusammengestellt und ein Kontrollapparat aufgebaut werden. Dies würde letztlich zu einer »Verstaatlichung« bürgerschaftlichen Engagements führen und es damit seines eigentlichen Charakters berauben. Wohl aber ist anzunehmen, dass eine Einrichtung wie »Independent Sector« einiges zur vermehrten Anerkennung bürgerschaftlichen Engagements beitragen könnte. Diese bereits erwähnte Organisation mit Sitz in Washington wurde im Jahre 1980 gegründet und versteht sich gleichsam als Mantel aller Träger bürgerschaftlichen Engagements: Verbände und Initiativgruppen, aber auch Religionsgemeinschaften und Unternehmen. Zu den zentralen Aufgaben gehört es, politische Entscheidungsträger zu informieren und generell die Sichtbarkeit und Anerkennung bürgerschaftlichen Engagements in den traditionellen und neuen Medien zu erhöhen.[32]

9. Ehrenamtliches Engagement und soziale Bindung

Die Frage drängt sich auf, wie die hier vorgestellten und interpretierten Befunde über das Ausmaß und die Erscheinungsformen ehrenamtlichen Engagements beziehungsweise der

»Freiwilligenarbeit« mit der immer wieder getroffenen Feststellung zusammengehen, unsere Gesellschaft sei in einem Prozess der Individualisierung begriffen, in dem das Denken der Menschen immer mehr um das eigene Ich kreist. Die These von der fortschreitenden Individualisierung hat den sozialwissenschaftlichen Diskussionszusammenhang, in dem sie ursprünglich aufgestellt wurde, längst verlassen und ist zu einem beliebten Konzept der Zeitdiagnose geworden.[33] Die Leichtigkeit, um nicht zu sagen Leichtfertigkeit, mit der heute mitunter von »Individualisierung« gesprochen wird, ändert nun freilich nichts an der Tatsache, dass dieser Begriff durchaus eine Entsprechung in der sozialen Wirklichkeit hat. Die empirischen Belege dafür, dass unsere Gesellschaft einen Prozess der Individualisierung durchlaufen hat und auch noch weiter durchläuft, sind unübersehbar.

Nicht zu übersehen ist aber auch, dass Menschen nach wie vor Bindungen in ihrem sozialen Nahraum, in ihrem weiteren Umfeld, aber auch in größeren gesellschaftlichen Zusammenhängen suchen. Man könnte sogar noch einen Schritt weiter gehen und in Anlehnung an eine These von Karl Otto Hondrich sagen, dass Menschen solche Bindungen brauchen, um die mit der Individualisierung einhergehenden Unsicherheiten zu bewältigen.[34] Zu den Bindungen, um die es dabei geht, gehören nach wie vor Ehe und Familie. Dem steht nicht entgegen, dass diese Sozialformen heute zerbrechlicher sind als noch vor drei oder vier Jahrzehnten. Die Zerbrechlichkeit hängt eben nicht zuletzt mit den hohen Erwartungen der Menschen zusammen. Gerade weil Ehe und Familie gegenüber so hohe Erwartungen gehegt werden, ist auch die Wahrscheinlichkeit von Enttäuschungen groß. Das Bedürfnis nach sozialen Bindungen schlägt sich auch in intensiven Beziehungen innerhalb des Verwandtenkreises – freilich stärker eigenen Neigungen entsprechend und nicht so sehr traditionellen Mustern folgend – und in Freundschaftsbeziehungen nieder. Nicht zuletzt manifestiert sich das Bedürfnis nach Bindung im Engagement der Menschen in den lokalen Initiativen, Selbsthilfegruppen und Verbänden des Non-Profit-Sektors. Helmut Klages zufolge nimmt mit dem Wertewandel, der sich ja nicht zuletzt in einem anwachsenden Individualismus äußert, bürgerschaftliches Engagement nicht ab, sondern zu.[35] Dazu zählt auch das Engagement von Unternehmen, das in den letzten Jahren unter dem Stichwort des »Corporate Volunteering« thematisiert wurde.[36]

Ein solches Engagement jenseits des primären Lebensraums kann, so wurde gesagt, als Ausdruck gesellschaftlicher Solidarität angesehen werden. Solidarität ist in diesem Zusammenhang zu verstehen als das nicht an die Erwartung einer unmittelbaren Gegenleistung geknüpfte Einstehen für andere beziehungsweise als Einsatz für das Gemeinwohl. Anders als die staatlich organisierte und gewöhnlich auf gesetzlicher Grundlage eingeforderte Solidarität, die sich etwa in der Entrichtung von Steuern und Beiträgen äußert, ist die Solidarität, die beim bürgerschaftlichen Engagement zum Tragen kommt, freiwillig geleistete Solidarität. Ein Tun, das auf Freiwilligkeit beruht, hat aber für den Handelnden eine andere Qualität als ein Tun, das einer formalen Verpflichtung entspringt. Bei denjenigen, die sich ehrenamtlich beziehungsweise in der »Freiwilligenarbeit« engagieren, wird die Fähigkeit gefördert, sich mit anderen Menschen zusammenschließen, eigene Vorstellungen zu artikulieren, aber auch von diesen Vorstellungen abweichende Positionen zu akzeptieren. Im Zusammenhandeln zur Lösung einer konkreten Aufgabe wird die Sensibilität für soziale Bindungen gestärkt. Dies wiederum erhöht die Fähigkeit, auch in anderen Bereichen, also im Privatleben oder im Beruf, Bindungen einzugehen. Ehrenamtliches Engagement trägt zur Entwicklung der Bindungsfähigkeit und zum Entstehen von sozialen Bindungen bei, die Individualisierung überhaupt erst erträglich machen. Insofern reicht ein solches Engagement weit über seinen praktischen Wert in den unterschiedlichen Handlungsfeldern hinaus.

»WILLST DU FROH UND GLÜCKLICH LEBEN, LASS KEIN EHRENAMT DIR GEBEN«

Sozialethische Betrachtungen zum Ehrenamt zwischen selbstloser Aufopferung und persönlicher Sinnerfüllung

Alexander Saberschinsky

Einleitung

Die schon seit einigen Jahren um das Ehrenamt geführte Diskussion reißt nicht ab, sondern spitzt sich eher zu: Einerseits hört man die Klage, dass sich immer weniger Menschen für die Übernahme eines Ehrenamtes bereit fänden; andererseits stehen viele dem Werben der Politiker für das Ehrenamt kritisch gegenüber, da man vermutet, dass angesichts der leeren Staatskassen nun Ehrenamtliche gratis diejenigen Lücken in sozialen Netz stopfen sollen, die immer schwerer finanzierbar werden.

Ebenfalls finden sich in der aktuellen Diskussion Überlegungen zur Namensgebung: Sollte man nicht besser von »Freiwilligen« anstatt von »Ehrenamtlichen« sprechen, wie dies in anderen Sprachen üblich ist (engl. volunteer, frz. volontair)? Immerhin sprach man 2001 auch vom »Jahr der Freiwilligen«, nicht »der Ehrenamtlichen«. Wird der traditionelle, für Deutschland historisch zu erklärende Begriff »Ehrenamt« noch der aktuellen Problematik gerecht, oder ist es nicht sinnvoller durch die Bezeichnung »bürgerschaftliches Engagement« einen entsprechenden Akzent zu setzen?

Bei diesen Fragen ist zu beachten, ob es sich hier nur um des ›Kaisers neue Kleider‹ handelt, oder ob sich hinter der Diskussion um die Terminologie auch inhaltlich ein neues Verständnis des Ehrenamtes verbirgt. Anders: Gibt es einen Paradigmenwechsel im Ehrenamt? Dem soll im Folgenden nachgegangen werden. Dabei gilt es zugleich die anzustellenden Beobachtungen sozialethisch zu beurteilen.

1. Ehrenamt in der Krise?

Es wurde bereits angedeutet, dass man allgemeinhin beklagt, die Bereitschaft zu ehrenamtlichem Engagement schwinde. Die Gesinnung, die man hinter dieser Zurückhaltung vermutet, hat Wilhelm Busch in seiner bekannt pointiert-humorvollen Art mit den Worten beschrieben, die auch über diesen Ausführungen als Überschrift stehen und im Ganzen lauten:

»Willst du froh und glücklich leben,
laß kein Ehrenamt dir geben.
Willst Du nicht zu früh ins Grab,
lehne jedes Amt gleich ab.
Wieviel Mühe, wieviel Plagen,
wieviel Ärger mußt Du tragen.
Gibst viel Geld aus, opferst Zeit
Und der Lohn? Undankbarkeit!
Drum rat ich Dir im Treuen,
willst Du Frau und Kind erfreuen,
soll Dein Kopf Dir nicht mehr brummen,
laß das Amt doch den anderen Dummen!«[1]

Und wer will schon gerne der Dumme sein? Und auch dann noch der Dumme für die anderen! Was das Gedicht auf seine Weise wiedergibt, ist aktueller denn je: So fragen namhafte Soziologen, ob wir im Gefolge der Säkularisierung nun eine völlig individualisierte Gesellschaft geworden sind, in der sich jeder nur um sich selbst kümmert, und sich das Gemeinwohl in der Floskel »wenn jeder an sich denkt, ist doch an alle gedacht« erschöpft. Wenn dem so ist, dann sind wir allerdings eine »Gesellschaft der Ichlinge«.[2]

Tatsächlich lassen sich einige Gründe ausmachen, die dafür verantwortlich sind, dass das Ehrenamt, zumindest in seiner traditionellen Form, einen schweren Stand hat. Hier seien nur kurz einige dieser Gründe genannt:[3]

1. Praktizierte Solidarität ist in unserer Gesellschaft weitgehend Angelegenheit der Institution des Sozialstaates, so dass die Menschen selbst immer weniger gefordert sind. Entscheidend ist die damit einhergehende Bewusstseinsverschiebung, die bewirkt, dass die Menschen sich vor Ort nicht mehr zuständig fühlen.
2. Dem ersten Punkt entspricht auch die zunehmende Verberuflichung und Professionalisierung der sozialen Dienste, die eine Tendenz zur privaten Entsolidarisierung bedingt.
3. Die wachsende Abgaben- und Steuerlast lässt die Bereitschaft der Bürger schwinden, darüber hinaus noch unentgeldlich soziale Leistungen zu erbringen.
4. Die Fülle verschiedener Angebote in unserer Gesellschaft, zum Beispiel in den Medien und für die Freizeit, lässt das Zeitbudget des Einzelnen schrumpfen.
5. Durch die Pluralisierung der Lebenswelten und -formen nimmt die Milieubindung des Einzelnen stark ab. Verschiedene ›Sinnstiftungsinstanzen‹ konkurrieren miteinander. Entsprechend schwindet auch der Einfluss der Kirchen und die Bereitschaft, sich in caritativen Verbänden zu engagieren.
6. In die gleiche Richtung weist die zunehmende Mobilität in unserer Gesellschaft, die nicht nur geographisch, sondern auch sozial zu verstehen ist. Auch sie trägt zum Verlust traditioneller Bindungen bei.
7. Zu diskutieren wäre auch, inwieweit der von Helmut Klages beschriebene Wertewandel seine Spuren hinterlässt, insofern »Pflichtwerte« zurückgedrängt werden und »Selbstverwirklichungswerte« in den Vordergrund treten.
8. Schließlich ist das Ehrenamt von der gewandelten Geschlechterrolle der Frau betroffen, da die Frauen nach wie vor den größeren Teil der Ehrenamtlichen stellen. Vor allem sind Frauen heute stärker in das Erwerbsleben integriert,

so dass sich für sie weitere Betätigungsfelder neben dem Ehrenamt erschließen.

Es ist hier nicht der Ort, die ganze kontroverse Debatte um die Individualisierung zu rekapitulieren, allerdings ist gezielt im Hinblick auf das Ehrenamt zu fragen, ob denn heute tatsächlich nur noch jeder an sich denkt. Ein differenzierteres Bild, das der allgemeinen Klage über das Schwinden des Ehrenamtes widerspricht, ergeben verschiedene Untersuchungen. Sie zeigen, dass man unterscheiden muss: Was allenfalls abgenommen hat, ist die ehrenamtliche Mitarbeit in Verbänden und Organisationen. Hingegen zugenommen hat die nicht organisierte, spontane Hilfe in den kleineren sozialen Einheiten, wie zum Beispiel in Nachbarschaftsgruppen oder Selbsthilfe-Initiativen.[4] Hans Braun, Soziologe an der Universität Trier, schreibt hierzu:

> »Mit dem neuen Selbstbewußtsein hängt es auch zusammen, daß sich Ehrenamtliche zunehmend außerhalb der Verbände der freien Wohlfahrtspflege organisieren. Gesucht werden heute Organisationsstrukturen, die sich durch einen Bezug zu konkreten Problemen vor Ort, durch Flexibilität, durch Freiräume für selbstbestimmtes Tun und durch die Möglichkeit auszeichnen, auf die Entscheidungen der Gruppierung, der man angehört, Einfluß zu nehmen.«[5]

Die pauschale Feststellung vom Niedergang der Bereitschaft zu ehrenamtlichen Engagement lässt sich durch Umfragen noch in einer weiteren Hinsicht widerlegen: So können nicht nur 15 Prozent der gesamten Bevölkerung sich vorstellen, für die Caritas oder eine andere Hilfsorganisation ehrenamtlich zu arbeiten, sondern weitere 24 Prozent können sich zumindest unter bestimmten Voraussetzungen durchaus vorstellen, ein Ehrenamt zu übernehmen.[6] Bei kirchlich engagierten Katholiken antworteten auf die Frage, ob sie bereit wären, eine kleine Aufgabe für die Kirchengemeinde zu übernehmen, sogar 45 Prozent mit »ganz gerne«.[7] Angesichts dieser Befunde kann man durchaus konstatieren, dass sich ein noch ungenutztes Potential und eine »nicht abgerufene Bereitschaft zur Ehrenamtlichkeit«[8] findet. Damit drängt sich die Frage auf, wie denn diese Potential zu heben und die Bereitschaft zu aktivieren ist.

2. Die Bedingungen müssen stimmen!

Den entscheidenden Hinweise, wie denn zum Ehrenamt zu motivieren sei, geben die interessierten Bürger, wenn sie sagen, dass sie »unter bestimmten Voraussetzungen« ein Ehrenamt übernehmen würden. Es liegt nahe, dass nicht gemeint ist, alle diejenigen gesellschaftlichen Gründe zu beseitigen, die oben angedeutet und aufgezählt wurden. Diese Aspekte, die man als »externe Mobilisierungsschwierigkeiten« für das Ehrenamt bezeichnen kann,[9] sind als gesamtgesellschaftliche Entwicklungen im Prozess der so genannten ›Modernisierung‹ nicht umkehrbar.[10] Hier geht es bei den »bestimmten Voraussetzungen« vielmehr um Bedingungen, die in der Ausgestaltung des Ehrenamtes selbst liegen, also um »interne Mobilisierungsschwierigkeiten«.[11] Um die am Ehrenamt Interessierten zu mobilisieren, müssen also von Seiten der Institutionen, in den Ehrenamtliche tätig sind, Voraussetzungen geschaffen werden, die das Ehrenamt attraktiv machen, oder mit anderen Worten: müssen Anreize geschaffen werden. Dabei geht es nicht nur um finanzielle Anreize, sondern um soziale und persönliche Anreize. Hier sind einige Momente zu nennen.
Zunächst: Eine wichtige Rolle spielt das soziale Prestige, das mit der ehrenamtlichen Tätigkeit verbunden ist.[12] Es ist menschlich und legitim, für die eigene Leistung nicht nur eine Rückmeldung zu erwarten, sondern auch Bestätigung durch gesellschaftliche Anerkennung. Man darf auch von einem Christen nicht verlangen, dass er schon mit einem ›Vergelt's Gott‹ zufrieden ist, das eher unterstreicht, wie selbstverständ-

lich man es findet, dass der Ehrenamtliche allein seinen Lohn im Himmelreich erwartet. Es geht hier nicht darum, eine Haltung zu diskreditieren, aus der heraus sich viele ›um des Himmelreiches willen‹ selbstlos in den Dienst anderer stellen. Doch so sehr eine solche Einstellung zu bewundern ist, man darf sie nicht in der Weise verallgemeinern, dass sie zur Erwartungshaltung gegenüber den ehrenamtlich Tätigen wird. Weiterhin muss darauf geachtet werden, dass die Ehrenamtlichen in die Organisation, innerhalb derer sie aktiv sind, integriert werden. Sie dürfen nicht als fleißigen Hände gesehen werden, die man bei Bedarf ruft, wenn die ›wirklichen‹, hauptamtlichen Mitarbeiter von geringqualifizierten Arbeiten entlastet werden sollen, die aber auch wieder gehen können, wenn sie ihre Schuldigkeit getan haben. Es gehört zum derzeitigen Strukturwandel, dass der Ehrenamtliche heute immer seltener die dienende, nicht ausgebildete Hilfskraft ist, sondern Ehrenamtliche sind zunehmend fachlich und sozial kompetente Persönlichkeiten, die um ihren Wert auch wissen.[13] Vor allem in den achtziger Jahren wurde eine Diskussion um die Notwendigkeit einer weiter gehenden Professionalisierung der Sozialarbeit geführt. Der Forderung, die helfenden Berufe kontinuierlich zu professionalisieren, stand das wachsende wissenschaftliche Interesse an der Selbst- und Laienhilfe gegenüber, die auf der Kompetenz eines nicht zu unterschätzenden Alltagswissens basiert. Die Lösung lag und liegt freilich weder in der einseitigen Umstilisierung des Burnouts der beruflichen Helfer in einen Erfolg der Ehrenamtlichen noch in einer Unterbewertung der beruflichen Professionalität als allgemein-menschliches Können und Wissen. Zukunftsträchtig ist hingegen allein ein Weg, auf dem es Hauptamtlichen und Ehrenamtlichen gelingt, gemeinsam am sozialen Netz zu knüpfen. Ziel muss also eine komplementäre Ergänzung von professioneller sozialer Arbeit und ehrenamtlichen Engagement sein. Doch schließt dies ein, dass das Fachpersonal und die Verantwortlichen in den Verbänden auch die Belange der Ehrenamtlichen berücksichtigen.[14] Daraus resul-

tiert zweierlei: Erstens, die Kompetenzen der Ehrenamtlichen sollten eingebunden werden. Dazu trägt bei, das ehrenamtliche Tätigkeitsfeld transparent zu machen, zum Beispiel durch eine klare Beschreibung des Aufgabenfeldes. Auch der Aufgabenumfang sollte zeitlich klar begrenzt sein, da die ehrenamtliche Tätigkeit in das schon erwähnte Zeitbudget passen muss, und die Angst vor unüberschaubaren Verpflichtungen leicht abschreckt. Zweitens gilt es – nicht zuletzt im eigenen Interesse – diese Kompetenzen zu sichern und zu fördern durch Begleitung und Fortbildung der Ehrenamtlichen.[15]
Schließlich: Mit dem Aspekt der Integration der Ehrenamtlichen in die Institutionen hängt der Aspekt der Gemeinschaft zusammen: Sie zu erleben trägt zur größeren Identifikation mit der Organisation bei und führt so zu verstärkter Motivation der Ehrenamtlichen. Auf diese Weise wird zugleich das so genannte ›soziale Kapital‹ vermehrt. Es zu fördern, bildet eine besondere Herausforderung in unserer individualisierten Gesellschaft.[16]
Eine vom entsprechenden Bundesministerium aufgegebene Studie[17] weist nicht nur auf das enorme, ungehobene Potential an ehrenamtlichem Engagement hin, sondern thematisiert auch die Schwierigkeiten, es zu aktivieren.[18] Um diese Aufgabe zu bewältigen, schlägt Helmut Klages vor, verschiedene Gruppen zu unterscheiden: die »Ehemaligen«, die »Neuen« und die »Expansiven«.[19] Bei den Ehemaligen gilt es »Rückkehrprobleme« zu überwinden. Obwohl in dieser Gruppe das Interesse an einer erneuten Übernahme eines Ehrenamtes besonders hoch ist, droht auch hier eine zu lange Pause das Wiederanknüpfen an frühere Kontakte, Kenntnisse und Erfahrungen unmöglich zu machen. Die Gruppe der Neuen ist vor allem dadurch gekennzeichnet, dass sie kaum noch ein Ehrenamt auf Lebenszeit übernimmt, sondern sich ›auf Zeit‹ engagiert, und zwar in einer bestimmten Lebenssituation. Die Expansiven sind jene Gruppe, die die Ausweitung ihres ehrenamtlichen Engagements weniger von einer vermehrten Auslastung abhängig macht als davon, dass ihre qualitative

Unterforderung beseitigt wird. Im Hinblick auf alle Gruppen fordert Klages, besser über Gelegenheiten zu ehrenamtlichen Engagement zu informieren, und regt eine »Kultur der Freiwilligkeit« an, in der Ehrenamtlichen eine »Verantwortungsrolle« übernehmen und so »Spaß am Helfen« haben. Dazu gehören im einzelnen Aspekte, wie sie bereits angesprochen wurden: Spielraum für selbständiges Entscheiden und Handeln, Ermöglichung der Übernahme von Eigenverantwortung, Chancen zur Weiterentwicklung und so weiter.

So zentral die bisher genannten nicht-monetären Aspekte sein mögen, ist dennoch zu überlegen inwiefern materielle Anreize geboten werden können. Dabei geht es weniger darum, schleichend das Ehrenamt in eine Erwerbstätigkeit umzuwandeln. Allerdings muss überprüft werden, ob Ehrenamtliche nicht im Rahmen ihrer Tätigkeit auch finanziell entlastet werden können, damit sie nicht zusätzlich zu ihrem Zeitaufwand Nachteile in Kauf nehmen müssen. Ohne hier konkrete Beträge festschreiben zu wollen, sind solche bedenkenswerte Gesichtspunkte:[20]

1. Fahrtkosten, Parkgebühren, Mahlzeiten außer Haus und Aufwendungen der Ehrenamtlichen für Porto, Telefon, Schreibarbeiten sollten erstattet werden.
2. Die Aufwandsentschädigungen müssten steuerfrei bleiben, sollten also nicht mit dem Einkommen versteuert werden. Umgekehrt sollten Aufwendungen, die nicht erstattet werden, steuerlich absetzbar sein.
3. Überlegen kann man weiterhin, inwieweit Ehrenamtliche sozial abgesichert werden könnten gegen Risiken wie beispielsweise Unfall und Krankheit. Ein erfreulicher Schritt in die richtige Richtung ist der bessere Unfallsversicherungsschutz, den Ehrenamtliche ab 2005 erhalten. Der Bundestag beschloß im Herbst 2004 mit den Stimmen der Regierung und Opposition, dass Bürger, die in Vereinen und Verbänden im Auftrag oder mit Zustimmung von Kommunen und Kirchen tätig werden, automatisch versichert werden.

4. Eltern, deren Kinder einen sozialen Freiwilligendienst leisten, sollte das Kindergeld nicht gestrichen werden.
5. Arbeitslosen dürfte keine Streichung des Arbeitslosengeldes drohen, wenn sie mehr als 15 Stunden wöchentlich tätig sind.

Mit diesen Maßnahmen könnte der Sozialstaat den Ehrenamtlichen entgegenkommen, die ja ihrerseits einen beachtlichen Beitrag für das Gemeinwesen leisten. Weitere Aspekte könnten genannt werden. Allerdings zeichnet sich bereits ab, dass allen genannten Punkten gemeinsam ist, dass sie nicht davon ausgehen, dass einfache Appelle, sich ehrenamtlich zu engagieren, zur tatsächlichen Übernahme eines Ehrenamtes motivieren. Sie tragen damit der Erkenntnis Rechnung, dass man die persönliche Motivation des Einzelnen allenfalls indirekt beeinflussen kann. Eine solche indirekte Beeinflussung geschieht, wenn man jene Voraussetzungen schafft, unter denen die oben genannten Befragten bereit wären, ein Ehrenamt zu übernehmen. Dass dies der einzig gangbare Weg ist, liegt darin begründet, dass niemand die Bereitschaft zum ehrenamtlichen Engagement verordnen kann. Daraus ergibt sich, dass, wenn hier – auch in ethischer Hinsicht – nach der Zukunft des Ehrenamtes gefragt wird, der Ansatz weder in einer ›moralinsauren‹ Klage über den Werteverfall in der Gesellschaft liegen kann, noch allein in moralisch begründeten Appellen an das Gewissen des Einzelnen.[21] Vielmehr muss die ethische Reflexion des Ehrenamtes bei den Voraussetzungen des ehrenamtlichen Engagements und bei den gesellschaftlichen Strukturen ansetzen, innerhalb derer das Ehrenamt ausgeübt werden soll oder schon ausgeübt wird.

Kurz: Es geht um eine sozialethische Betrachtung. Während die Individualethik das moralische Handeln des Einzelnen in den Blick nimmt, wird in der Sozialethik die gesellschaftliche Dimension menschlichen Handelns betrachtet. Mit anderen Worten, Sozialethik beschäftigt sich mit dem moralischen Handeln des Einzelnen nicht an und für sich, sondern innerhalb gesellschaftlicher Verhältnisse und Bedingungen. Auch in dem ›besten aller möglichen‹ sozialen Rechtsstaaten lassen sich Glaube, Hoffnung und Liebe nicht institutionalisieren. Sie sind auf der personalen Ebene angesiedelt. Doch der Mensch lebt auch in sozialen Gebilden, wie zum Beispiel dem Staat. In diesem sozialen Geflecht prägen die Wertvorstellungen und das Handeln des Einzelnen die gesellschaftlichen Strukturen. Daher ist die Katholische Soziallehre eine Sozial-Strukturen-Ethik.[22] Sie thematisiert die ethische Dimension von gesellschaftlichen, wirtschaftlichen und politischen Ordnungen und Strukturen sowie die möglichen Wirkungen des Handelns in diesen Bereichen.

3. Der Ehrenamtliche: von der ›Opferseele‹ zum ›solidarischen Ichling‹

Die sozialethische Auseinandersetzung zielt zwar auf die Frage, wie Gerechtigkeit innerhalb von Ordnungen und Strukturen zu verwirklichen ist, doch bedeutet dies nicht, dass die individuellen Motivationen bei der Reflexion außen vor blieben. Vielmehr geht es um den wechselseitigen Zusammenhang zwischen der Haltung des Einzelnen und den gesellschaftlichen Strukturen. Besondere Beachtung verdient hier der Wandel in der »Rückerstattungserwartung« der Ehrenamtlichen:[23] Sie erwarten, dass ihr Engagement nicht nur anderen, sondern auch ihnen selbst zugute kommt. Hans Braun schreibt: »Ehrenamtliche sind heute nicht mehr länger als im Stillen wirkende Kräfte, die unter Hintanstellung ihrer persönlichen Bedürfnisse das tun, was man ihnen aufträgt.«[24] Zu den persönlichen Bedürfnissen zählt zum Beispiel, dass die ehrenamtliche Tätigkeit auch zur Sinnstiftung im eigenen Leben und zur Selbstverwirklichung beitragen soll.
Viele entdecken in dieser Einstellung eine Abkehr vom christlichen Ideal des Dienstes am Nächsten und das Verdunsten der Solidarität, die als eine Folge des Pluralismus und der

Individualisierung gedeutet werden. Richtig ist an dieser Beobachtung, dass es in unserer pluralisierten Gesellschaft kein ethisches Monopol mehr gibt, das sich zudem noch mit einer Institution, etwa der Kirche, identifizieren ließe. Stattdessen gibt es verschiedene Wertesysteme, die miteinander wetteifern. Sich auf diesem ›offenen Markt‹ zu orientieren, ist die schwierige Aufgabe, die dem Individuum zufällt. Es ist nicht zu leugnen und gilt sogar als Charakteristikum der schon genannten Modernisierung, dass mancherorts mit der Verbindlichkeit der Werteordnung auch die Selbstverständlichkeit von herkömmlichen Bindungen verloren gegangen ist. Demzufolge ist das Engagement in eigener Sache nicht weniger selbstverständlicher als der Einsatz für das Gemeinwesen, so dass der Gemeinsinn oft nicht mehr im Vordergrund des Denkens steht.[25] Doch die Tatsache, dass der Einzelne aus den vorgegebenen Sozialbindungen herausgelöst wird – positiv formuliert: freigesetzt wird – und dass ihm traditionelle Sicherheiten verloren gehen, schließt nicht aus, dass neue Bindungen entstehen und eingegangen werden.[26]

Exkurs: Wertewandel statt Werteverfall

Der Wertewandel wird in der aktuellen Diskussion, auch um das Ehrenamt, nach wie vor so oft zitiert, dass hier in einem Exkurs kurz auf ihn eingegangen werden soll. Es ist schon fast ein Allgemeinplatz geworden kritisch anzumerken, dass in unserer Gesellschaft ein Werteverfall zu verzeichnen sei. An die Stelle des Engagements für die Gemeinschaft sei ein Egoismus getreten, der nur nach Selbstverwirklichung und Erfüllung der eigenen (Konsum-)Wünsche strebe. Das habe sich auch in den Erziehungszielen niedergeschlagen: »Ordnungsliebe«, »Fleiß« und »Gehorsam« haben an Bedeutung verloren, während die Ziele der »Selbständigkeit« und des »freien Willens« in den Vordergrund getreten seien. Der Rück-

gang der Familien und die Zunahme der Single-Haushalte werden als Symptom hierfür gewertet. Und auch die Krise des Sozialstaates wird oftmals als eine Folge der mangelnden Verantwortung für das Gemeinwesen beschrieben. Aber längst gibt es Stimmen, die darauf hinweisen, dass die Rede von einem Werteverfall eine einseitige Interpretation eines Wertewandels sei und dessen positives Potential zu wenig berücksichtigt werde. Andere Stimmen weisen darauf hin, dass Selbstverwirklichungswerte schon immer ein dominantes Motiv gewesen seien und lediglich die Pflichtwerte zurückgetreten seien.
In der Erklärung der Ursachen des Wertewandels und der Deutung seiner Auswirkungen gibt es zwei unterschiedliche Theorien, die hier in aller Kürze vorgestellt seien. Die erste Theorie von R. Inglehart geht davon aus, dass die Ursachen des Wertewandels in einer Veränderung der zur Verfügung stehenden Lebensressourcen liegen. So hat der neue Wohlstand zur Folge, dass man materiellen Werten, sprich: der Sicherung des alltäglichen Lebens und des eigenen und familiären Auskommens, nicht mehr so viel Achtung schenken muss und sie entsprechend nicht mehr im Vordergrund stehen. Inglehart spricht daher von einem Wandel von »materialisitischen« zu »postmaterialistischen« Werten. Da beide Werte nach dieser Theorie in die gleiche Dimension gehören, bedingt das Schrumpfen der einen Wertgruppe das Anwachsen der anderen. Dieser Ansatz tendiert dazu, den Wertewandel als Verfall zu deuten.
Eine andere Theorie, wie sie Helmut Klages vertritt, nimmt eine andere Ursache für den Wertewandel an, nämlich den verstärkten Prozess der gesellschaftlichen Modernisierung. Diese gesellschaftliche Veränderung führt dazu, dass sie von den Mitgliedern eine verstärkte Orientierung an der Selbstentfaltung erfordert. Der gesellschaftlichen Modernisierung entspricht daher die subjektive Modernisierung, die als ein normaler Vorgang verstanden wird. Dieser Vorgang äußert sich in einer Aktzentverschieben von den Pflichtwerten zu

den Selbstverwirklichungswerten.[27] Allerdings gehören diese Werte – anders als in der ersten Theorie – verschiedenen Dimensionen an, so dass auch verschiedene Kombinationen von Werten möglich sind und die Richtung des Wertewandels offen bleibt. Mit anderen Worten: Es lässt sich nicht voraussagen, welche Werte an Bedeutung gewinnen, nur weil wir wissen, dass andere Werte in den Hintergrund treten. Eine Konsequenz dieses Ansatzes ist, dass die Möglichkeit besteht, im Wertwandel nicht nur einen Verfall zu sehen, sondern ihm auch eine positive Funktion in der gesellschaftlichen Entwicklung zuzuschreiben. Doch die positiven Folgen des Wertewandels treten nicht automatisch ein, sondern bedürfen ordnungspolitischer Maßnahmen. In Absetzung von der »modischen Zeitkritik« antwortet daher Thomas Gensicke:

> »Der Vorrang des Individuellen in den modernen Sozialbeziehungen läßt diese also nicht verdorren, sondern hat lediglich eine Änderung des Koordinatensystems zur Folge, in dem sich diese Beziehungen abspielen. Gehandelt wird nicht aufgrund verordneter sozialer Tugenden oder nach den Kriterien dessen, was sozial üblich ist, sondern auf Basis individueller Einsichten und individuell getroffener Entscheidungen. [...] Selbständige Menschen orientieren sich nicht mehr am Leitbild einer Einfügungsdisziplin, sondern erziehen sich lieber zur Selbstdisziplin. [...] Angelpunkt auch der Ethik wird die Frage, ob man ein Verhalten mit sich selbst, mit seinen eigenen Werten vereinbaren kann oder nicht. Es geht immer weniger darum, irgendeinem vorausgesetzten ethischen Prinzip zu folgen. [...] Die gesellschaftlichen Eliten waren bislang nicht in der Lage, die Potentiale des Wertewandels produktiv zu nutzen [...].«[28]

Die unterschiedliche Beurteilung des Wertewandels lässt sich auch geschichtlich verfolgen: Urteilte zunächst Ende der 60er Jahre der Sozialforscher Gehlen, dass der Einzelne sich nicht mehr mit dem sozialen Ganzen identifiziere, sondern nach seinem eigenem, persönlichen Glück strebe, beschränkte man sich zu späterer Zeit nicht auf das Lamento über den allgemeinen Werteverfall, sondern bemühte sich um eine positive Deutung der Veränderungen. Der *Zukunftsbericht der Späth-Kommission* von 1983 beispielsweise klagt nicht mehr über den Einbruch der alten (Pflicht-)Werte zugunsten des egoistischen Genussstrebens des einzelnen. Stattdessen deutet man den Wertewandel als ein Indiz, dass sich auch etwas in der Gesellschaft geändert habe: Nunmehr waren offensichtlich nicht mehr die ›alten Opfertugenden‹ in der Gesellschaft gefragt, sondern die Gesellschaft erforderte den Bürger als »selbstverantwortlich denkenden und handelnden, zur ›intelligenten‹ Ausübung individueller Kompetenzen fähigen Menschen«.[29]

Es ist also deutlich, dass der nicht zu bestreitende Wertewandel in unserer Gesellschaft nicht zwangsläufig in den Egoismus führt, sondern auch die Grundlage für Eigeninitiative und bürgerschaftliches Engagement sein kann. Daher ist es gleichermaßen widerspüchlich zu den soziologischen Untersuchungen und unkonstruktiv, einen Grabgesang auf die Solidarität in der Gesellschaft anzustimmen. Hans Braun schreibt, dass von der eben beschriebenen Haltung »von vorneherein auf Eigennützigkeit zu schließen, genauso falsch wäre wie das Belächeln jener, die unter Zurückstellung ihrer Person im Stillen einer Sache dienen wollen.«[30] Dass es völlig unnötig ist, das Engagement für andere gegen das Interesse an Selbstverwirklichung auszuspielen, zeigt sich, wenn man die verschiedenen Motive zu ehrenamtlichen Engagement näher betrachtet.
Es lassen sich unterschiedliche Motive für ehrenamtliche Tätigkeit herausstellen:[31] Zunächst ist das caritativ-religiöse Helfermotiv zu nennen. Dieses altruistische Motiv gilt als der klassische Beweggrund für die Übernahme eines Ehrenamtes und wird nach der landläufigen, nicht zuletzt katholischen, Vorstellung mit der im sozialen Bereich arbeiten Frau in Ver-

bindung gebracht. Allerdings nimmt die tatsächliche Bedeutung dieses Motivs für ehrenamtliches Engagement verstärkt ab. Ein zweites Motiv ist die Reaktion auf eine konkrete Notwendigkeit oder Notlage. Diese problemorientierte Motivation ist nach wie vor stark und verbreitet. Schließlich ist als Motiv für ehrenamtliches Engagement die Befriedigung subjektiver Bedürfnisse zu nennen. Die hier angesiedelten individualistischen Momente gewinnen in unserer Gesellschaft zunehmend an Bedeutung. Gerade diese Motivation sollte nicht als unsolidarischer Egoismus verkannt und gegen eine gesellschaftsorientierte Motivation ausgespielt werden. Hier schwindet nicht die Solidarität generell, sondern die Weise, in der sie ausgeübt wird, wandelt sich, wie das Sozialwort der Kirchen feststellt.[32] Wenn Ehrenamtliche sich durch die Übernahme von Aufgaben einen Gewinn für sich selbst erhoffen, indem sie ihre Persönlichkeit weiterentwickeln und Sinnerfüllung suchen, dann ist dies nicht zwingend ein Gegensatz zu Solidarität, denn die Ehrenamtlichen bringen ihre Persönlichkeit und erworbenen fachlichen und sozialen Kompetenzen zum Wohle der Gesellschaft in das Gemeinwesen mit ein. Umgekehrt steht auch Solidarität nicht im Widerspruch zum individuellen Streben nach Selbstverwirklichung. Vielmehr bindet sie das individuelle Streben an die Gemeinschaft zurück und bewahrt es vor Selbstisolierung. Wenn Ulrich Beck den solidarischen Individualismus beschreibt und vom »altruistischen Individualismus« spricht, dann ist dies also kein hölzernes Eisen. »Was sich auszuschließen scheint [...], entpuppt sich als ein innerer, inhaltlicher Zusammenhang: Wer für sich lebt, muß sozial leben.«[33] Insofern ist Roman Herzog zuzustimmen, wenn er meint, dass ehrenamtliche Arbeit nicht uneigennützig ist.

> »Denn uneigennütziges Handeln bereichert auch immer [...] das eigene Leben. Es vermittelt die Genugtuung und das Bewußtsein, gebraucht zu werden, etwas zustande bringen zu können. Das ist eine Triebfeder, die man bei weitem nicht unterschätzen sollte.«[34]

Für das Ehrenamt bedeutet dies, dass es auch, ja gerade in unserer individualisierten Gesellschaft nicht am Ende ist, wenn man die heterogene Motivstruktur der Ehrenamtlichen beachtet und auch subjektive Motive konstruktiv im Verständnis und in der Ausgestaltung der ehrenamtlichen Tätigkeit berücksichtigt. Dabei geht es keineswegs um einen Zweckpragmatismus, der sich für die gute Sache des Ehrenamtes notgedrungen auch individualistische Motivationen zunutze machen will, sondern die Integration subjektiver Motive ist auch sozialethisch begründet: Es entspricht dem christlichen Verständnis des Menschen als Person, ihn zugleich als Individuum und Sozialwesen zu verstehen. Beide Momente gehören wesentlich zum christlichen Menschenbild und sind wechselseitig aufeinander bezogen. Dementsprechend kann sich der Mensch weder nur als Individuum noch als ausschließliches Gemeinschaftswesen verwirklichen. Genau dieser Einsicht trägt der Begriff des Gemeinwohls, wie ihn die Katholische Soziallehre vertritt, Rechnung, indem sie darauf hinweist, dass das Gemeinwohl einerseits mehr ist als die bloße Summe aller Einzelinteressen und andererseits betont, dass das Gemeinwohl nicht auf Kosten des Wohls des Einzelnen zu erreichen ist. Mit den Worten von Arthur F. Utz heißt dies: »Das Gemeinwohl besteht in der individuellen Vollkommenheit oder im individuellen Wohlergehen *aller* als aufeinander bezogener Personen«.[35] Diese Position kann sich zurecht bereits auf Thomas von Aquin berufen, der in seiner *Summa theologica* schreibt:

> »*Manifestum est autem quod bonum partis est propter bonum totius. Unde etiam naturali appetitu vel amore unaquaeque res particularis amat bonum suum proprium propter bonum commune totius universi, quod est Deus.* – Es ist nun offensichtlich, daß das Gut des Teils wegen des Gutes des Ganzen da ist. Darum liebt ein jedes Einzelwesen auch im natürlichen Streben oder Lieben sein eigenes Gut um des Gemeingutes des ganzen Weltalls willen, welches Gott ist.« (STh I-II 109,3)

Für das Ehrenamt bedeuten diese Überlegungen konkret, dass es weniger um die bloße quantitative Gewinnung möglichst vieler Mitglieder geht, sondern eher um ›Ressourcenorientierung‹.[36] Dieser Begriff soll keinesfalls suggerieren, dass der Mensch eine Ressource neben anderen sei, sondern er verweist darauf, dass die Qualität der ehrenamtlichen Arbeit von den Kompetenzen des ehrenamtlichen Mitarbeiters abhängt sowie von seinen Bedürfnissen, Interessen und Fähigkeiten, kurz: von der Persönlichkeit des Ehrenamtlichen. Mit anderen Worten, die ehrenamtliche Tätigkeit muss in den biographischen und situativen Kontext der Persönlichkeit passen. Daher spricht man hier auch von ›biographischer Passung‹. Das ist der eigentliche Paradigmenwechsel des Ehrenamtes.

4. Mit dem Ehrenamt ›Staat machen‹

Ehrenamtliche Tätigkeit so auszugestalten, dass sie auch in unserer heutigen Gesellschaft attraktiv bleibt, ist nicht nur Sache der Organisationen und Verbände. Deren Aufgabe ist es sicherlich, einen ›ressourcenorientierten‹ Zugang zum Ehrenamt zu finden, damit jene Voraussetzungen erfüllt werden, unter denen sich viele Menschen vorstellen könnten, ein Ehrenamt zu übernehmen. Doch darüber hinaus gibt es auch Voraussetzungen, die Strukturen betreffen, die weit über die Gestaltungsmöglichkeiten zum Beispiel des einzelnen Wohlfahrtsverbandes hinausgehen. Sämtliche Punkte, die beispielsweise steuerliche Entlastungen und versicherungstechnische Absicherungen im Sozialstaat betreffen, zählen dazu. Hier ist der Staat, näherhin der Sozialstaat, als übergeordnete Einheit gefragt, seiner gestalterischen Aufgaben nachzukommen. Wie die Rolle des Staates innerhalb des Themenkomplexes ›Ehrenamt‹ vom sozialethischen Standpunkt aus zu beurteilen ist, gilt es nun zu fragen.

Der eingangs wiedergegebene Vermutung, dass das verstärkte Interesse am Ehrenamt nur eine Notlösung angesichts leerer Staatskassen sei, ist die Aussage des ersten Bundespräsidenten Theodor Heuss entgegenzustellen: »Demokratie lebt vom Ehrenamt.« Diese Feststellung verweist darauf, dass unser Gemeinwesen von der Mitwirkung und der Mitgestaltung seiner Bürger lebt. Es ist daher nicht übertrieben zu sagen, dass auch die Vielfalt und Vielzahl der freiwilligen Tätigkeiten die Lebensqualität in unserer Gesellschaft sichern. Denn der freiwillige Einsatz für die Gemeinschaft oder für den Mitmenschen ist ein Ausdruck der Verantwortungsbereitschaft und der Solidarität.[37] Dass dieses Handeln des Bürgers zu Gunsten aller zugleich seinen Eigeninteressen dient und mit diesen kompatibel sein kann, wurde bereits dargestellt.

Aus der Perspektive des Bürgers ist das Ehrenamt also ein Weg, eine aktive Rolle in der demokratischen Gesellschaft zu übernehmen und an demokratischen und gesellschaftlichen Prozessen zu partizipieren. Nimmt man nun die umgekehrte Perspektive des Staates ein, dann ergibt sich, dass es einem Staat, der seinem Selbstverständnis nach demokratisch ist, daran gelegen sein muss, das ehrenamtliche Engagement seiner Bürger durch das Schaffen von günstigen Vorzeichen zu ermöglichen, weil das Ehrenamt eine Weise ist, auf die die Bürger diesen Staat aktiv mittragen. Was hier über das Verhältnis zwischen Bürger und Staat im Hinblick auf das Ehrenamt gesagt wird, beschreibt exemplarisch die Intention dessen, was in der aktuellen Diskussion mit ›Zivilgesellschaft‹ bezeichnet wird. Mit dem Begriff der Zivilgesellschaft wird darauf hingewiesen, dass man die Debatte um unsere Gesellschaft verkürzt, wenn man letztere allein in den Spannungspolen von Marktwirtschaft und Staat sieht. Gleichsam als drittes Standbein zu den beiden genannten Größen ist der gemeinnützige Bereich zu berücksichtigen, der neben dem wirtschaftlichen und öffentlichen Kapital das soziale schafft.[38] Das bürgerschaftliche Engagement ist ein Beispiel hierfür, wenn nicht sogar im Kernbereich der Zivilgesllschaft angesiedelt. Ursula Nothelle-Wildfeuer stellt den Zusammenhang zwischen Ehrenamt und Zivilgesellschaft ausdrücklich her, wenn sie schreibt:

> »In Freiheit übernommene Verantwortung für das Gemeinwesen und die Gesellschaft als Ausdruck von Solidarität – so läßt sich im Kontext der Sozialstaatsdebatte der sozialethische Kern ehrenamtlicher Tätigkeit beschreiben. Nicht mehr selbstverständliche Passung in bereits feststehende sozialstaatliche und gesellschaftliche Arrangements ist das entscheidende Prinzip im neuen Ehrenamt, sondern es ist ein notwendiger Paradigmenwechsel vorzunehmen: Engagement und Mitverantwortung als zentralen Kriterien führen dazu, dass dem Ehrenamt eine eigenständige Rolle im Verhältnis zum Staat zukommt und sich darin auch die Zivilgesellschaft als eigenständige Größe artikuliert und formiert.«[39]

Vor diesem Hintergrund bekommt die Aussage, dass Ehrenamtliche im sozialen Bereich das System der Sozialstaatssicherung ergänzen, eine neue, tiefer gehende Bedeutung: Ehrenamtliche ergänzen den Sozialstaat nicht nur dort, wo finanzielle Lücken entstehen und dem Sozialstaat das Geld ausgeht, sondern Ehrenamtliche ergänzen als aktive Bürger die sozialstaatlichen ›Superstrukturen‹ in der Weise, dass diese anonymen, institutionalisierten Strukturen nicht ausgehölt werden, weil ihnen das tragende Engagement der Bürger innerhalb der Strukturen und der sozialstaatlichen Ordnung fehlt. Insofern sind Ehrenamtliche ein Vermögen des Sozialstaates, und zwar keineswegs nur in finanzieller, sondern vor allem in ideeller Hinsicht.

Das hier angesprochene wechselseitige, mehr noch: spannungsvolle, Verhältnis von einzelnem Bürger und Staat beschreibt das Sozialprinzip der Subsidiarität, wie es maßgeblich die Katholische Soziallehre formuliert hat. Die klassische Definition des Subsidiaritätsprinzips stammt von Pius XI. In seiner Sozialenzyklika *Quadragesimo anno* (1931) schreibt er:

> »Wie dasjenige, was der Einzelmensch aus eigener Initiative und mit seinen eigenen Kräften leisten kann, ihm nicht entzogen und der Gesellschaftstätigkeit zugewiesen werden darf, so verstößt es gegen die Gerechtigkeit, das, was die kleineren und untergeordneten Gemeinwesen leisten und zum guten Ende führen können, für die weitere und übergeordnete Gemeinschaft in Anspruch zu nehmen; zugleich ist es überaus nachteilig und verwirrt die ganze Gesellschaftsordnung. Jede Gesellschaftstätigkeit ist ja ihrem Wesen und Begriff nach subsidiär; sie soll die Glieder des Sozialkörpers unterstützen, darf sie aber niemals zerschlagen oder aufsaugen.« (QA 79)

Die Begründung der Subsidiarität und die Kompetenz der jeweiligen Gemeinschaft liegen in der Würde und Freiheit des Menschen beziehungsweise im Eigenrecht der kleineren Lebenskreise. Die Rechte des Individuums sind ihm ›vorstaatlich‹ zu Eigen, das heißt, sie sind ihm nicht vom Staat erst verliehen, sondern unabhängig von irgendeiner Gewährung, so dass sie auch nicht staatlicherseits entzogen werden können. Daraus ergibt sich: Das gegebenenfalls geforderte Eingreifen des Staates wird im Sinne der Subsidiarität erst richtig verstanden, wenn hier der Staat nicht Kompetenzen an sich zieht. Es ist wichtig zu beachten, dass die eigentliche Verantwortung auf der Ebene der kleineren Einheit verbleibt, so dass ein Eingreifen von oben nicht so zu verstehen ist, dass die nächsthöhere Größe das Problem übernimmt und löst. Vielmehr ist eine Hilfe zur Selbsthilfe gefragt.

Es gibt also zumindest zwei Gründe, warum der Staat nicht alle Aufgaben an sich ziehen darf. Zunächst wäre er damit überfordert. Denn dies würde nicht nur zu einer Überlastung des Staates führen, sondern er wäre auch bei vielen Aufgaben nicht in der Lage, sie so gut zu erledigen, wie das die Menschen oder kleineren Gruppen vor Ort können, die mit der Situation vertraut sind und wissen, was erforderlich ist. Doch neben diesem praktischen Grund gibt es einen zweiten, ethischen Grund: Der Staat hat außerdem nicht das Recht, Kompetenzen an sich zu ziehen, die ihm nicht zustehen. Denn die kleineren sozialen Einheiten haben das vorrangige und ursprüngliche Recht, sich um ihre eigenen Belange zu kümmern und dürfen hier nicht entmündigt werden. Wenn der Staat also im Sinne der Subsidiarität günstige Rahmenbedingungen für ehrenamtliches Engagement schafft, dann ›erkauft‹ der Staat sich nicht eine Gegenleistung (der Ehrenamtlichen), sondern er stützt das Fundament der demokratischen Gesellschaft und folgt damit dem öffentlichen Interesse.[40]

5. Schluss: Ehrenamt muss sich lohnen

Die Überschrift des Schlusses mag provokant klingen: Ist es nicht der Sinn des Ehrenamtes, dass man eben nicht fragt, ob es lohnt? Die vorangegangenen Überlegungen haben jedoch gezeigt, dass sich nicht nur die Motivation zum Ehrenamt bestärken lässt, wenn sich das ehrenamtliche Engagement subjektiv für den Einzelnen lohnt, sondern dieser Ansatz ist auch sozialethisch gerechtfertigt.

Sicherlich ist es die Signatur der gegenwärtigen Individualisierung in unserer Gesellschaft, dass der Einzelne aus den traditionellen Sozialbindungen herausgelöst wird und herkömmliche Normen nicht mehr zwangsläufig als bindend angesehen werden. Allerdings ist die Schlussfolgerung falsch, dass sich die Gesellschaft ›atomisiere‹ und völlig zerfalle. Stattdessen ist eine »neue Art der sozialen Einbindung« zu beobachten.[41] Diese neue Art der sozialen Einbindung geschieht nicht nur aus altruistischer Opferbereitschaft für das größere Ganze, sondern steht – wie gesehen – in einem Wechselverhältnis zu individuellen Motiven der Selbstverwirklichung und persönlichen Sinnfindung. Der entscheidende Punkt ist, dass das Gemeinwesen – zumal als Zivilgesellschaft verstanden – gerade aus diesem individuell motivierten Engagement nicht nur seinen Nutzen zieht, sondern letztendlich von ihm lebt. Der der Obrigkeit gehorsame und in die Beschaulickeit des Privaten zurückgezogene Bürger des Biedermeier trägt die demokratische Gesellschaft nicht, sondern nur der selbstverantwortliche und sozial tätige Bürger. Doch Verantwortungsübernahme für die Gemeinschaft kann nur der mündige Bürger übernehmen, der seinerseits ohne persönliches Streben nach Selbstverwirklichung nicht denkbar ist. So schließt sich der Kreis, und es erweist sich, dass Individualität und solidarische Bezogenheit keine Alternativen sind, sondern aufeinander verweisen. Den Wandel in unserer Gesellschaft als Tendenz zum Egoismus zu deuten, verkürzt die Realität stark. »Es handelt sich [...] vielmehr um eine Tendenz zu mehr Eigeninitiative, Eigensinn und Selbstsorge, die eine wichtige Quelle bürgerschaftlichen Engagements darstellen.«[42] Für das Ehrenamt bedeutet das, dass es sich also doppelt lohnt: sowohl für die Gemeinschaft als auch für den Einzelnen.

Soll das Ehrenamt heute belebt und gefördert werden, dann kann man angesichts der soziologischen Beobachtungen nicht erwarten, dass Ehrenamtliche bereit sind, eine vorgefertigte Identität als Ehrenamtlicher zu übernehmen.

> »Heute kommt es auf die individuelle Passungs- und Identitätsarbeit an, also auf die Fähigkeit zur Selbstorganisation, zum ›Selbsttätigwerden‹ oder zur ›Selbsteinbettung‹. Diese Selbstverortung bedeutet die Passung von ›innerer‹ und ›äußerer Welt‹, und insofern stellt sie eine aktive Gestaltung der Lebenswelt dar. Bürgerschaftliches Engagement wird vor diesem Hintergrund zu einer sozialen Schlüsselqualifikation.«[43]

Die konkrete Aufgabe der Verbände und des Staates besteht darin, die vorfindbaren Motivation der Bürger zum Ehrenamt, die ja gegeben ist, zu aktivieren, und zwar durch Rahmenbedingungen, die der veränderten Motivationsstruktur Rechnung tragen. Es sind Strukturen zu finden, die der positiven Motivation zur Übernahme von ehrenamtlichem Engagement nicht zuwiderlaufen. Das heißt zum einen, dass das Interesse am Ehrenamt nicht dadurch abgeblockt wird, dass man den Ehrenamtlichen in die Rolle des stillen und selbstlosen Handlangen drängen will, ungeachtet seiner eigenen Interessen. Zum anderen dürfen den Ehrenamtlichen nicht zusätzliche Lasten oder Nachteile, vor allem materieller Natur, auferlegt werden. An einer Ordnung mitzuarbeiten, die beides ermöglicht, ist die sozialethische Herausforderung des ›neuen‹ Ehrenamtes in der Gegenwart.

UMSONST, ABER NICHT VERGEBLICH

Die Bedeutung des Ehrenamtes für die Stadt Trier

Georg Bernarding

Weltweit ist das Jahr 2001 durch die UNO zum Jahr der Freiwilligen ausgerufen worden.
Dies ist gut so, wenn man von freiwilligem Einsatz und Engagement überzeugt ist, es als sinnvoll betrachtet und wenn diese internationale Aktion genutzt wird, um neuen Schub für das Ehrenamt zu bringen. Solche Aktionsjahre, die wir ja öfters haben – wir hatten das Jahr der Senioren oder das Jahr der Behinderten und viele andere mehr – sind sinnvoll, weil sie auf eine Grundsituation öffentlich aufmerksam machen. Sie haben auch einen gewissen Effekt, sie haben allerdings auch den Wermutstropfen, dass man sehr schnell wieder zur Tagesordnung übergeht, worüber man nun lamentieren kann. Ich denke, es ist eher sinnvoll zu versuchen, daraus konkrete Ergebnisse zu erreichen, die zu einer nachhaltigen Stärkung des Ehrenamtes und zu besseren Rahmenbedingungen führen können.

1. Unsere Gesellschaft lebt vom ehrenamtlichen, freiwilligen, bürgerschaftlichen Engagement, das ein unverzichtbarer Bestandteil unserer Demokratie ist, weil es als Angebot zum Handeln unsere Gesellschaft zusammenhält.

Das Ausmaß dieses Engagements ist beeindruckend und es gibt kaum einen gesellschaftlichen Bereich, in dem Bürger nicht rührig sind. Nach einer repräsentativen Erhebung im Jahre 1999 waren über ein Drittel der Menschen freiwillig in einem

oder mehreren Feldern tätig. Und ich bin sicher, dass jeder entweder selbst engagiert ist, oder jemanden kennt, der irgendwo engagiert ist, oder davon profitiert, dass es dieses Engagement gibt. Ehrenamt ist gut für uns alle. Dafür gibt es viele Belege und praktische Beispiele, gerade auch in unserer Stadt.
So wird denn auch bei jeder sich bietenden Gelegenheit, sei es ein Empfang des Oberbürgermeisters für Ehrenamtliche oder die Verleihung der verschiedensten Medaillen oder Verdienstkreuze, immer wieder auf die Bedeutung des Ehrenamtes in unserer Stadt hingewiesen.
Und tatsächlich ist es auch so: Die ehrenamtliche Tätigkeit ist das Lebenselexier für kommunale Selbstverwaltung. Die Kommunalpolitik als solche lebt vom bürgerlichen Engagement. Alle Entscheidungen, die die Entwicklung unserer Stadt angehen, seien sie nun größerer oder kleinerer Natur, ob es um die Gestaltung von Plätzen wie den Kornmarkt oder Domfreihof oder ob es um Fragen der Wirtschaft, des Wohnens oder des Sozial- und Jugendbereiches geht, werden letztendlich vom Stadtrat, also von ehrenamtlich tätigen Männern und Frauen bestimmt. Auch wenn es professionelle Zu- und Vorarbeit durch Hauptamtliche und die Verwaltung gibt.
Aber nicht nur diese institutionalisierte Kommunalpolitik lebt vom bürgerschaftlichen Engagement. Die Mitwirkung der Menschen an der Gestaltung der Stadt lässt die Stadt als Gemeinschaft aller Bürgerinnen und Bürger begreifbar und erlebbar werden. Diese Mitwirkung begründet die Beziehungen der Menschen untereinander und mit der Stadt als Ganzes.
Dazu tragen viele bei, von denen ich hier nur beispielhaft einige aufführen kann, wie:

- die freiwilligen Feuerwehren mit ihrer Vielzahl von Einsätzen und insbesondere ihrer aktiven Jugendarbeit
- die 100 Sportvereine mit rund 25.000 Sportlern, die die größte Freizeitorganisation der Stadt darstellt und sich im Wesentlichen auf ehrenamtliche Arbeit gründet
- die vielen Freiwilligen des DRK´s, die 1999 ca. 22.500 Stunden Einsatz brachten

- die zahlreichen Senioren, die sich um Kranke, Einsame kümmern, Besuchsdienste in Krankenhäusern leisten, in Kleiderkammern arbeiten oder als Märchenoma Kindern eine Freude in Kindergärten machen
- die vielen Engagierten im Jugend-, Sozial- und Gesundheitsbereich, sei das nun in der Telefonseelsorge, beim Beratungstelefon des Kinderschutzdienstes, in der Jugendverbandsarbeit, in Elterninitiativen und Fördervereinen, die sich um Betreuungseinrichtungen bemühen, in Spielplatzinitiativen usw.
- die ca. 400 Selbsthilfegruppen, die jeweils nicht nur ihr individuelles Problem sehen, sondern sich für andere Betroffene und Angehörige einsetzen
- die unzähligen Vereine und Initiativen auf dem Sektor der Bildung, Kultur und Musik, in den Bereichen Umwelt und Natur

Also: Es gibt ein hohes Ausmaß und ein ganz vielfältiges Bild freiwilligen Engagements, und das führt mich zu meiner zweiten Feststellung:

2. Einhergehend mit den gesellschaftlichen Veränderungen hat sich auch ein Strukturwandel im Ehrenamt ergeben.

Natürlich haben auch wir in Trier eine zunehmende Differenzierung der Lebensvorgänge, die Pluralisierung der Gesellschaft, die Globalisierung mit dem häufigen Ortswechsel der Menschen, sie haben die tradierten Bindungen an die herkömmlichen Organisationsformen gemindert. Freiwilliges Engagement wird nicht mehr so oft lebenslang ausgeübt. Natürlich haben wir auch eine Tendenz zum individuellen Engagement, die eine Lockerung vom traditionellen Ehrenamt bewirkt. Es wird kritischer geprüft, ob man die ehrenamtliche Tätigkeit für richtig und interessant hält, ob sie einen persön-

lichen Gewinn bringt und welche Ergebnisse sie ganz konkret auch positiv vor Ort hat.
Dieser Wandel in der Einstellung hat auch in Trier zu einem Nachlassen der Bereitschaft zur Übernahme von Ehrenämtern in den traditionellen Organisationsformen, Wohlfahrtsverbänden, Vereinen, Parteien, auch Kirchengemeinden geführt. Gleichzeitig aber haben andere Gruppierungen erhöhten Zulauf, wie zum Beispiel zeitlich befristete Aktivitäten, die auf etwas ganz Konkretes, beispielsweise die Gestaltung eines Platzes oder eine Umweltaktion zielen. Unter dem Strich hat die durch die ehrenamtliche Tätigkeit vermittelte persönliche Befriedigung und Selbstverwirklichung einen höheren Stellenwert bekommen.
Sowohl der Begriff »Ehre« als auch der des »Amtes« erscheinen heute nicht mehr so attraktiv. Vielleicht liegt es an dem etwas antiquierten Klang, der mit so genannten Primärtugenden, wie Verlässlichkeit, Stetigkeit und Uneigennützigkeit, verbunden ist und nicht mehr in die Landschaft zu passen scheint. Ich möchte jedoch deutlich machen: Ohne diese Kontinuität zum Teil über Jahrzehnte hinweg könnten weder das Rote Kreuz noch der Caritas-Verband noch die AWO ihre sozialen Aufgaben erfüllen. Ohne die Bereitschaft der Feuerwehren gäbe es nicht nur keinen Sicherheitsstandard für unsere Bevölkerung, es gäbe auch kein Martinsfeuer und keine Fronleichnamsprozession, jedenfalls nicht in dieser Form. Um bei der Kontinuität zu bleiben: Wie wichtig es ist, beispielsweise eine Ansprechperson für Kinder und Jugendliche über einen längeren Zeitraum zu haben, ist uns aus der Pädagogik bekannt. Vor diesem Hintergrund ist es erstaunlich, wie manche über das Wort »Amt« mit seinem Bezug zur Dauerhaftigkeit und Nachhaltigkeit die Nase rümpfen. Ohne diese Verlässlichkeit und Kontinuität wäre eine Jugendbetreuung beispielsweise in Sportvereinen von vorn herein zum Misserfolg verurteilt.
Vielleicht noch ein Satz zum Wort »Ehre«. Auch wenn immer wieder gesagt wird, dass viele Ehrenamtliche sich einsetzen, um einen Orden oder eine Urkunde oder sonst eine Aner-

kennung zu erhalten: Ich bezweifle, dass es dies das entscheidende Kriterium ist. Da stimmt selbst bei krankhaftem Geltungsbedürfnis das Verhältnis zwischen Aufwand und Ergebnis nicht. Aber meines Erachtens ist es eine Selbstverständlichkeit, die ehrenamtliche Tätigkeit öffentlich anzuerkennen, und alle Ehrenamtliche können dies auch mit Recht einfordern.
Es bringt nichts, die unterschiedlichen Formen des bürgerschaftlichen Engagements, das traditionelle Ehrenamt gegen die neue Freiwilligenkultur auszuspielen oder sie in Konkurrenz zueinander zusehen: Wir brauchen beides und zwar von beidem so viel wie möglich, damit unsere Gesellschaft lebendig bleibt.

3. Der ideale Ort für dieses bürgerschaftliche Engagement ist das Lokale.

In den Städten und Gemeinden gibt es seit einiger Zeit das Wort vom Konzern Stadt. Also die Stadt entwickelt sich immer mehr zu einem Unternehmen, funktioniert wie ein Wirtschaftsbetrieb, definiert den Bürger als Kunden, der bedient werden muss. Es ist ja sicherlich nichts dagegen einzuwenden, dass eine Verwaltung immer bestrebt sein muss, die Effektivität im Interesse der Bürger zu erhöhen, Wartezeiten zu verkürzen, schneller und unkomplizierter zu handeln. Aber eine Bürgerkommune ist nun etwas ganz anderes. Hier sind die Bürger nicht nur Kunden ihrer Verwaltung, sondern Mitgestalter des lokalen Lebens vor Ort. Und dies ist auch letztendlich nirgendwo so möglich, wie in einer Kommune. Weder in der Bundes- noch in der Landespolitik oder in anderen übergeordneten Organisationen lässt sich dies so verwirklichen, wie vor Ort. Ganz einfach deshalb, weil man näher an den Problemen, näher an den Menschen ist. Hier ist übrigens in keinster Weise ein Nachlassen des Interesses der Bürgerschaft erkennbar. Eine so lebhafte Diskussion wie beispielsweise über die Umgestaltung des Kornmarktes in Trier wäre nicht möglich, wenn es nicht diese Identifikation des Einzelnen mit seiner Stadt und Fragen ihrer Gestaltung gäbe. Im Lokalen liegt die entscheidende Möglichkeit sozialer Selbstgestaltung. Hier ist das größte Potential zur Entfaltung einer Bürgergesellschaft. Hier gibt es auch eine Parallelität zur katholischen Soziallehre mit ihrem Begriff der Subsidiarität. Bevor Staat oder Stadt tätig werden, gibt es vorgelagerte kleine Kreise, kleine Einheiten, direkt in der Bürgerschaft angesiedelt, die sich im wahrsten Sinne des Wortes um Entscheidungen kümmern. Man findet dies im Bereich der Jugendarbeit, wo der Stadtjugendring, der vorwiegend aus Ehrenamtlichen und einigen Hauptamtlichen besteht, sich in die jugendpolitischen Entscheidungen einbringt. Man findet das auch im Bereich der Seniorenarbeit, wo der Seniorenrat der Stadt Trier, alles Ehrenamtliche, entscheidende Impulse für die Gestaltung der Seniorenpolitik setzt und Verantwortung übernimmt.

Jeder Bürger hat also das Recht auf aktive Teilnahme an der Gestaltung örtlicher Gemeinschaft. Ich möchte hier noch einen Schritt weitergehen: Jeder Bürger sollte es auch als seine Aufgabe ansehen, sich einzubringen über das hinaus, was unsere repräsentative Verfassung ihm als Mitwirkungsmöglichkeit anbietet. Hier gibt es ja inzwischen eine Reihe von Ansätzen unter dem Stichwort »mehr Demokratie wagen« bis hin zu plebiszitären Elementen und Antragsrechten der Bürgerschaft. Nun gibt es durchaus ernst zu nehmende Argumente, die auf die möglicherweise entstehende Macht von Minderheiten, auf erhebliche finanzielle Risiken, auf derzeit schon manchmal zu weit gehende Verhinderungsmöglichkeiten bei Planungsprozessen usw. hinweisen. Bei aller berechtigten Skepsis, dass mancher Ansatz über das Ziel hinaus schießt und nicht die erwünschten Effekte bringen wird, bin ich der Meinung, man sollte nicht zu ängstlich mit Experimenten zu mehr Mitwirkung umgehen. Es geht darum, neben bewährten auch neue Formen zu entwickeln, wie Bürger sich verantwortlich und wirkungsvoll einbringen können. Das stärkt unsere Demokratie und setzt einen Gegenakzent zu dem oft als unbefriedigend erlebten Rückzug ins Private, zur Vereinzelung des modernen Lebens. Hier besteht die Chance, mit Menschen zusammen zu kommen, mit denen man sonst nie zu tun gehabt hätte, gemeinsam Projekte von der Idee bis zur Verwirklichung zu entwickeln, neue Fähigkeiten zu erwerben und Anerkennung jenseits von Erwerbsarbeit zu gewinnen. Dies führt mich zu meiner nächsten Feststellung:

4. Es ist Aufgabe von Politik und Verwaltung, die Rahmenbedingungen und das allgemeine Klima für ehrenamtliches, freiwilliges, bürgerschaftliches Engagement zu verbessern und Strukturen zu fördern, die eine möglichst breite Einbindung, Teilhabe und Aktivierung der Bürger ermöglichen.

Wir fangen in Trier auch hier nicht bei Null an, sondern können auf bewährten beziehungsweise in den letzten Jahren entwickelten neuen Ansätzen aufbauen. Der Stadtrat verabschiedete eine Vorlage, die sich mit weiteren konkreten Projekten befasst. Worum geht es hier? Ich will einige, mir wichtig erscheinende Eckpunkte benennen und konkrete Beispiele anführen.
Da ist zunächst die schon genannte öffentliche Würdigung des ehrenamtlichen Einsatzes. Es bleibt wichtig, dass die Menschen, die sich engagieren, die Rückmeldung erhalten: Mein Engagement wird wahrgenommen und geschätzt, es existiert ein öffentliches Bewusstsein dafür, es wird von der Allgemeinheit anerkannt. Der Stadtrat beschloss am 29. März 2001, neben den üblichen Empfängen und Auszeichnungen ein Signal zu setzen und einen Bürgerpreis auszuloben (3000 Euro), mit dem ein besonderes ehrenamtliches Engagement gewürdigt und anerkannt werden soll. Dies soll sich auch

motivationsfördernd auf die Freiwilligenarbeit auswirken. Öffentliches Bewusstsein, Motivation, Mitwirkungsbereitschaft ist stark daran gebunden, dass Informationen transportiert werden, dass transparent wird, welche Möglichkeiten des Einsatzes vorhanden sind. Der Rat hat daher die Verwaltung beauftragt, einen so genannten »Markt der Möglichkeiten« zu initiieren. Vereine und ehrenamtlich Tätige artikulieren immer wieder den Wunsch, ihre Arbeit präsentieren zu können, wozu natürlich jeder selbst in der Lage ist. Allerdings kann das Öffentlichkeitsinteresse gesteigert werden, wenn die unterschiedlichen Bereiche Kultur, Sport, Soziales usw. die Möglichkeit erhalten, sich gemeinsam zu präsentieren. In Zusammenarbeit mit dem Verein SEKIS (Selbsthilfe Kontakt- und Informationsstelle) wurde eine solche Präsentation mit viel Erfolg in den vergangenen Jahren für den Bereich der Selbsthilfe durchgeführt. Bei einem solchen Markt der Möglichkeiten kommt es zu einem Austausch der Initiativen untereinander und die interessierte Öffentlichkeit erhält einen umfassenden und komprimierten Einblick in potentielle Engagementfelder.
Wir wissen aus vielen entsprechenden Erfahrungen, dass es – wenn Information vermittelt werden und auch ankommen soll – nicht mit gelegentlichen Aktionen getan ist. Zu groß ist die Informationsflut, die uns heutzutage alle überrollt. Wenn man etwas ›rüberbringen‹ will, muss man dies ständig und immer wieder tun. Auf der anderen Seite braucht der Bürger eine Anlaufstelle, an die er sich wenden kann. Damit spreche ich das dritte Element des oben genannten Ratsbeschlusses an: Die Verwaltung wird beauftragt, die Voraussetzungen zur Errichtung einer Ehrenamtsagentur zu schaffen. Wir wollen dies zusammen mit dem Verein SEKIS tun, der auf ein erhebliches Erfahrungspotential zugreifen kann. Worum geht es genau? Sie kennen wahrscheinlich alle die Klage, die Bereitschaft der Menschen, sich freiwillig und unentgeltlich für andere zu engagieren, gehe zurück. Auf der anderen Seite verfügen heute immer mehr Menschen über mehr freie Zeit und

Ressourcen, und viele bekunden ihr Interesse, sich auch außerhalb des persönlichen Umfeldes betätigen zu wollen. Die Suche nach sinnvollen Aktivitäten, Kontakten und Anerkennung beschäftigt viele, ohne dass sie konkret wissen, wo und wie sie sich engagieren können. Hier ist erfahrungsgemäß eine Anlaufstelle für engagementbereite Bürgerinnen und Bürger hilfreich. Die Ziele und Aufgaben solcher Ehrenamts- oder Freiwilligenagenturen, -zentren oder -börsen, von denen es zwischenzeitlich über 100 in Deutschland gibt, lassen sich wie folgt umreissen:

- Sie gewinnen Bürgerinnen und Bürger für freiwilliges Engagement, beraten und informieren über mögliche Einsatzfelder.
- Sie vermitteln Interessierte in die verschiedenen Tätigkeitsbereiche, zu denen Soziales, Kultur, Sport, Umwelt, Naturschutz gehören.
- Sie beraten Organisationen bei der Gewinnung und Begleitung von Ehrenamtlichen und erschließen damit die wichtige Ressource des freiwilligen Engagements.
- Sie entwickeln Qualitätskriterien zur Absicherung engagementfördernder Rahmenbedingungen und ermöglichen so dauerhaft freiwilliges Engagement.
- Sie schaffen Fort- und Weiterbildungsangebote für Freiwillige und Hauptamtliche und unterstützen damit den Austausch und die Kooperation zwischen diesen Gruppen.
- Sie fördern die kommunale und regionale Vernetzung der Einrichtungen, die mit Freiwilligen zusammenarbeiten und regen so den Diskurs über das freiwillige Engagement auf allen Ebenen an.
- Sie betreiben Öffentlichkeitsarbeit für das freiwillige Engagement, sodass dieser wichtige gesellschaftliche Einsatz deutlicher wahrgenommen werden kann. Damit motivieren sie zu vielfältiger bürgerschaftlicher Aktivität.

Wir wollen diese Anlaufstelle zentral im Palais Walderdorff ansiedeln und hoffen, dass dadurch ein Netzwerk der Kooperation entsteht, von dem alle Bereiche profitieren.

Natürlich bleibt nach wie vor wichtig die konkrete materielle Förderung von Initiativen, die wir – wenn auch mit bescheidenen Mitteln, wie dies unseren Möglichkeiten entspricht – weiterhin pflegen werden. Oft kommt es auch gar nicht auf das große Geld an: Die zahlreichen Gruppierungen im Jugend-, Sozial- und Gesundheitsbereich, denen wir laufend kleinere Zuschüsse zukommen lassen, bringen immer wieder zum Ausdruck, wie hilfreich dies für ihre Arbeit ist.
Neben diesen direkten Zuwendungen werden eine Reihe von Unterstützungsmöglichkeiten diskutiert, die nicht allein im kommunalem Rahmen zu regeln sind, sondern Initiativen auf allen gesellschaftlichen Ebenen (wenn es zum Beispiel um steuerliche Erleichterungen geht) und Bereichen (wenn es um den Beitrag der Arbeitswelt geht zum Beispiel hinsichtlich Freistellung und hinsichtlich der Berücksichtigung von Engagement bei personellen Entscheidungen) bilden. Das geht hin bis zur Überlegung der Einführung einer Ehrenamtskarte (wie es dies mit der Jugendleitercard im Jugendbereich schon gibt), die zu Vergünstigungen zum Beispiel bei der Nutzung öffentlicher Einrichtungen berechtigt. Hier sind der Phantasie keine Grenzen gesetzt und die Möglichkeiten noch lange nicht ausgeschöpft.
Was mir über alle praktischen Förderungsansätze hinaus wichtig erscheint und nicht zu kurz kommen sollte, ist die Entwicklung von Visionen, von Zielvorstellungen und Leitbildern, wie wir zukünftig unsere Gesellschaft und unser Zusammenleben gestalten wollen. Dies ist nicht nur Aufgabe der Politik, der Wissenschaft und Forschung oder von organisierten mächtigen gesellschaftlichen Verbänden; in diesen Prozess sollten möglichst viele Bürger eingebunden werden. Ich will abschließend einige kurze Hinweise und Beispiele geben, wie wir dies in Trier versuchen.

- Da ist der Stadtmarketingprozess zu nennen, mit dem wir uns seit einigen Jahren beschäftigen und mit Hilfe dessen ein langfristiges, ziel- und umsetzungsorientiertes Handlungskonzept entwickelt werden soll, das ganzheitlich ausgerichtet ist, alle kommunalen Handlungsfelder umfasst und auf die Beteiligung lokaler Akteure und der Bürger ausgerichtet ist. An der Erarbeitung von Leitbildern für die zukünftige Entwicklung der Stadt haben sich in verschiedenen Arbeitsgruppen und Foren zahlreiche Bürger beteiligt und eine Reihe konkreter Vorhaben wurden bereits umgesetzt. Das reicht von der Errichtung eines Güterverkehrszentrums über die Planung eines grenzüberschreitenden Wissenschaftsparks, die Antikenfestspiele bis hin zu einer Initiative wie dem Haus für Gesundheit.

- Da ist zu nennen die in Gang gekommene Bürgerbeteiligung bei der Stadtteilrahmenplanung, in der es darum geht, auf der Grundlage eines Bürgergutachtens Ideen und Vorschläge für die weitere Entwicklung der Stadtteile zu erarbeiten. Der Einsatz der Bürger für ihr unmittelbares Lebensumfeld, der hier zum Ausdruck kommt ist beachtlich. Natürlich taucht auch hier die liebgewordene Anspruchshaltung und die Erwartung an die öffentliche Hand auf, die Dinge zu regulieren und Probleme zu lösen. Aber es gibt durchaus auch die Bereitschaft, sich selbst zu engagieren, konkrete Projekte auf den Weg zu bringen und längerfristig zu begleiten.
- Da ist weiterhin anzuführen der Prozess der Lokalen Agenda 21, der weltweit unter dem Motto »Global denken – lokal handeln« und dem Leitbild der »nachhaltigen Entwicklung« in Gang gekommen ist. Sie wissen wahrscheinlich, dass sich hier in Trier ein Verein gleichen Namens gebildet hat, der politisch gestützt und gefördert wird (Zuschuss der Stadt für die Geschäftsstelle). Er sieht seine Aufgabe darin zu initiieren, zu koordinieren, zu aktivieren, zu vernetzen und zu unterstützen, wenn es um Projekte geht, die Einfluss auf die nachhaltige Entwicklung der Stadt und der Region haben. In diesem Prozess sind alle gefragt und schon viele dabei. Er kann nur gelingen, wenn es eine wirklich breite Beteiligung in der Bürgerschaft gibt. Ich denke wir sind hier auf einem guten Weg.

Nun kann man einwenden, dass mit den hier genannten Initiativen vorwiegend Menschen erreicht werden, die über ein gewisses Bildungsniveau, einen gewissen sozialen Status und die Fähigkeiten verfügen, sich in solche Diskussionsprozesse einzubringen. Und auch beim Ehrenamt ist es überwiegend so, dass es von denjenigen ausgeübt wird, die sich in einer gesicherten sozialen Situation befinden. Deshalb will ich auf ein Beispiel hinweisen, das sich gerade an diejenigen richtet, die in einer benachteiligten Situation leben und sich in der Regel mit intellektuell dominierten Beteiligungsprozessen schwer tun. Ich meine das Vorhaben »Soziale Stadt« in Trier-Nord. Hier geht es um einen Prozess der Bündelung aller möglichen Ressourcen zugunsten dieses benachteiligten Stadtquartiers, in dem an zentraler Stelle die Beteiligung der Bürgerschaft steht. Zur Förderung dieses Prozesses ist ein Büro im Stadtteil mit so genannten Quartiersmanagern besetzt, die unter anderem die Aufgabe haben, alle Bevölkerungsgruppen einzubinden und konkrete Verfahren dafür zu entwickeln.

Nicht zuletzt ist es mir in diesem Zusammenhang wichtig, auf eine Gruppe hinzuweisen, die in der Regel aus sich heraus wenig Möglichkeiten hat, ihre Wünsche und Bedürfnisse selbst in gesellschaftliche Entscheidungsprozesse einzubringen: Ich meine die Kinder. Und ich bin froh, dass wir in einem Bereich, der für sie von zentraler Bedeutung ist, nämlich die Gestaltung ihres Spiel- und Wohnumfeldes, einen Weg gefunden haben (Kinderstadtplan, mobile Spielaktion, triki-Büro), mit Hilfe dessen sie ihren Anliegen Gehör verschaffen.

Ich will es mit diesem eher positiv gestimmten Ausblick bewenden lassen. Ich glaube deutlich gemacht zu haben, wie wichtig ehrenamtliches Engagement für uns alle ist, dass wir alle aufgerufen sind, uns einzubringen, dass es hierfür eine Vielzahl von Gelegenheiten und eine gute Ausgangsbasis gibt und dass wir dabei sind, die Rahmenbedingungen weiter zu verbessern.

FREIWILLIG, ABER NICHT UMSONST

Praktische Erfahrungen aus der Ehrenamtsagentur Trier

Carsten Müller-Meine

1. Von der Idee zur Verwirklichung der Agentur – Entstehungsgeschichte

Der Verein *Selbsthilfe Kontakt- und Informationsstelle (e.V.) Trier,* der im Jahr 1989 gegründet wurde, hat sich zum Ziel gesetzt, die Eigenverantwortung und die Eigeninitiative von Betroffenen und Angehörigen zu fördern, ehrenamtliche Arbeit zu unterstützen, Öffentlichkeitsarbeit zu betreiben, den Selbsthilfegedanken zu verbreiten und Vernetzungsarbeit zu leisten. Dieses vielfältige Ziel- und Aufgabenspektrum sowie der steigende Bekanntheitsgrad des Vereins hatte eine Zunahme von Anfragen interessierter Bürgerinnen und Bürger zu ehrenamtlichen Betätigungsfeldern im sozialen Bereich zur Folge. So wurde die Idee zur Gründung einer Ehrenamtsagentur für die Stadt Trier bereits zu Beginn des Jahres 1999 in den Vorstand des Vereins *Selbsthilfe Kontakt- und Informationsstelle (e.V.) Trier* hineingetragen und dort eingehend diskutiert. Daraus resultierte zunächst die Einrichtung einer Projektgruppe zur Konzeptentwicklung. Da die Selbsthilfekontaktstelle im Bereich des »Sozialen Ehrenamtes« bereits seit Jahren aktiv vermittelnd tätig war, lagen für dieses Teilgebiet wertvolle Erfahrungen vor, auf denen aufgebaut werden konnte. Das im Laufe des Jahres 1999 entwickelte Konzept wurde der Stadt Trier (Dezernat III) und dem Ministerium des Inneren und für Sport (Geschäftsstelle Ehrenamt) als potentiellen Kostenträgern einer solchen Einrichtung vorgestellt und (auch im folgenden Jahr) eingehend diskutiert. Der Entscheidungsprozess zog sich jedoch bis zum Jahr 2001, dem Internationalen Jahr der Freiwilligen, bis der Stadtrat der Stadt Trier in seiner

Sitzung im März 2001 Maßnahmen zur nachhaltigen Förderung des Ehrenamtes in der Stadt Trier beschloss und den Verein *Selbsthilfe Kontakt- und Informationsstelle (e.V.) Trier* mit der Einrichtung der Ehrenamtsagentur beauftragte. Diesem Beschluss gingen einige Dezernatsausschusssitzungen unterschiedlicher Dezernate voraus, in denen auch über den Nutzen einer solchen Einrichtung für die Stadt Trier diskutiert wurde. Da für die Stadt Trier tendenziell bereits ein sehr gut ausgeschöpftes Engagementspotential verzeichnet werden konnte, war die Frage berechtigt, ob durch eine solche Einrichtung neue, engagementbereite Bürgerinnen und Bürger – so sie denn vorhanden sind – angesprochen und »rekrutiert« werden könnten. Die positive Grundstimmung in Bezug auf den Nutzen einer Ehrenamtsagentur für die Stadt Trier führte zur mehrheitlichen Meinung, dass eine professionelle Beratungs- und Informationseinrichtung einen weiteren Anstoß für das bürgerschaftliche Engagement in der Stadt Trier zur Folge haben könnte. Dennoch dauerte es bis zur Sitzung des Rates der Stadt am 25.09.2001, bis auch ein entsprechendes Finanzkonzept für die Ehrenamtsagentur seine einstimmige Zustimmung erhielt. So fiel der »Startschuss« für die Ehrenamtsagentur Trier am 01.10.2001. Die konzeptionelle Phase wurde ebenso wie die Umsetzungsphase durch die Geschäftsstelle Ehrenamt des Ministeriums des Inneren und für Sport sowie in besonderem Maße fachlich durch Heinz Janning von der Freiwilligen-Agentur Bremen begleitet. Die Ehrenamtsagentur Trier stellt einen eigenständigen Arbeitsbereich des oben genannten Vereins dar und wurde zentral in der Innenstadt im Palais Walderdorff angesiedelt.

2. Ehrenamtsagentur – alter Wein in neuen Schläuchen?

Die durch den Beschluss des Deutschen Bundestages vom 15. Dezember 1999 eingesetzte Enquete Kommission »Zukunft des Bürgerschaftlichen Engagements« unterscheidet in ihrem Abschlussbericht aus dem Jahre 2002[1] drei wesentliche Typen von Infrastruktureinrichtungen, die sich dem übergreifenden Ziel der Förderung des bürgerschaftlichen Engagements verschrieben haben: Selbsthilfekontaktstellen, Seniorenbüros und Freiwilligenagenturen. Auf eine differenzierende Darstellung dieser drei Einrichtungsmodelle wird an dieser Stelle verzichtet. Wesentlich in Bezug auf den hiesigen Kontext ist, dass alle drei Einrichtungen parteipolitisch und konfessionell unabhängig und kostenlos ihre Dienstleistungen anbieten und sich für die Stärkung der Eigeninitiative und Selbstverantwortung auf einer breiten Basis einsetzen. Auf die längste Tradition können die Selbsthilfekontaktstellen zurückblicken, die seit über 25 Jahren in mehr als 250 Städten und Kreisen in Deutschland wertvolle Arbeit im Bereich der sozialen und gesundheitlichen Versorgung leisten. In etwas geringerer Anzahl und auch erst seit Beginn der 90er Jahre treten die Seniorenbüros in Erscheinung. Sie unterscheiden sich von den anderen beiden Einrichtungen im Wesentlichen durch die nahezu ausschließliche Orientierung auf die ältere Generation. Freiwilligenagenturen, Freiwilligenzentren, Ehrenamtsbörsen oder Ehrenamtsagenturen sind relativ junge Einrichtungen – sie entstanden in der zweiten Hälfte der 90er Jahre –, die sich vor allem als Brücke und Vermittlungsinstanz zwischen engagementbereiten Bürgerinnen und Bürgern und gemeinnützigen Organisationen verstehen, die mit Freiwilligen zusammenarbeiten. Der bereits 1989 diagnostizierte »Strukturwandel des Ehrenamtes«,[2] der sich heute deutlich zum Beispiel in neuen Formen und Beteiligungsmöglichkeiten für engagementbereite Bürgerinnen und Bürger widerspiegelt, bedingte die Einrichtung dieses neuen Typus von Beratungs- und Informationsstelle. Denn der Bedarf, neue Wege der Engagementförderung zu beschreiten, Menschen, die an einem Engagement interessiert sind, neue Zugänge zu eröffnen und Vereine, Einrichtungen und Organisationen bei der Gewinnung und der Kooperation mit Engagierten zu beraten und zu unterstützen, konnte durch die bereits vielfältig vorhandenen Beratungsinstitutionen nicht in dieser angestrebten Breite bedient werden. Vorbildfunktion hatten die Erfahrungen aus anderen Ländern, allen voran mit der niederländischen »Vrijwilligerscentralen«. Heute existieren in Deutschland nahezu 200 solcher Informations- und Beratungsstellen rund um das bürgerschaftliche Engagement, in unterschiedlichen Entwicklungsstadien und mit verschiedenen konzeptionellen Schwerpunktsetzungen.

Die Bundesarbeitgemeinschaft der Freiwilligenagenturen e.V. – kurz Bagfa – mit Sitz in Berlin versteht sich als bundesweiter Fachverband für die bunte Vielfalt des hier angedeuteten Typus von Infrastruktureinrichtung. Der Bagfa ist es im Jahr 2005 nach einem mehrere Jahre andauernden Entwicklungsprozess – gemeinsam mit ihren Mitgliedern – gelungen, ein Qualitätshandbuch für Freiwilligenagenturen zu entwickeln,[3] um ein klares, einheitliches und fachlich begründetes Profil für diesen Organisationstypus zu begründen und durchzusetzen. Selbsthilfekontaktstellen und Seniorenbüros waren hierin schon einen großen Schritt voraus. In diesem zur Jahreswende 2005/2006 erscheinenden Handbuch werden zum ersten Mal konkret die Kernprozesse einer »idealtypischen« Freiwilligenagentur beschrieben. Die auch für die Ehrenamtsagentur Trier wesentlichen Kernprozesse sind »Information und Beratung von Freiwilligen«, »Information und Beratung von Organisationen«, »Personal- und Konzeptentwicklung für freiwillige und berufliche Mitarbeiter/innen der Freiwilligenagentur«, »Arbeitsstrukturen in der Freiwilligenagentur« und »Öffentlichkeitsarbeit«. Darüber hinaus werden weitere wichtige Prozesselemente wie »Zusammenarbeit mit Unternehmen«, »Qualifizierung für freiwillige und berufliche Mitarbeiter/innen gemeinnütziger Organisationen« sowie die »Entwicklung neuer Leistungen und Produkte« genannt. Die fünf Kernprozesse sowie die drei Zusatzelemente bieten zusammen mit den aufgeführten Leitsätzen, Inputs und Outputs einen guten Orientierungsrahmen für die Arbeit und die künftige Entwicklung nicht nur der Ehrenamtsagentur Trier. Folgt man diesem Gedanken, ist eine Ehrenamtsagentur in ihrer professionellen und zielgruppenübergreifenden Ausrichtung bisher als Organisationsform noch nicht in der Beratungsstellenlandschaft vorhanden gewesen und daher als eine neue Komponente im Netzwerk des bürgerschaftlichen Engagements zu betrachten und weiter zu etablieren.

3. Praktische Erfahrungen und Schwerpunkte der Ehrenamtsagentur Trier

Ausgehend vom ursprünglichen Konzept, welches als Grundlage für den Stadtratsbeschluss des Jahres 2001 diente und in den Folgejahren stetig an die aktuellen Bedürfnisse und Erfordernisse auf lokaler Ebene angepasst wurde, kann nun die Arbeit der Ehrenamtsagentur Trier neu verdeutlicht werden.

Ziele der Arbeit der Ehrenamtsagentur sind die Förderung der Idee der Zivilgesellschaft beziehungsweise Bürgergesellschaft,[4] die Verbreitung und Unterstützung von ehrenamtlichem Engagement, die Förderung der Eigeninitiative von Interessierten, Öffentlichkeitsarbeit und »Brückenbildung« zwischen Haupt- und Ehrenamt.

Grundsätzlich sind die Angebote der Ehrenamtsagentur Trier offen für alle, denn sie versteht sich als neutrale Beratungs- und Informationsstelle für ehrenamtliches beziehungsweise freiwilliges Engagement. Sie richtet sich daher an alle Bürgerinnen und Bürger, die sich freiwillig und ehrenamtlich in der Stadt Trier engagieren wollen, Bürgerinnen und Bürger, die sich bereits ehrenamtlich engagieren, Vereine, Einrichtungen, Verbände, Initiativen, die ihren Sitz in der Stadt Trier haben und ehrenamtliche Hilfe suchen.

Durch kontinuierliche Beratungsangebote für interessierte Bürgerinnen und Bürger, das Führen einer umfassenden An-

gebotsliste von möglichen ehrenamtlichen Tätigkeiten im Stadtgebiet sowie einer Kartei von Vereinen und Einrichtungen etc. in der Stadt Trier, Öffentlichkeitsarbeit, Erfahrungsaustausch und Kooperation mit anderen Ehrenamtsagenturen beziehungsweise Freiwilligenagenturen, die Durchführung von Veranstaltungen zum Thema »Ehrenamt« zur Information der Bürgerinnen und Bürger der Stadt Trier sowie zur Gewinnung »neuer« Ehrenamtlicher/Freiwilliger für Vereine, die ständige Kooperation mit möglichst vielen (öffentlichen) Einrichtungen, die Unterstützung und Beratung bestehender Vereine, die Organisation von Weiterbildungen für interessierte Bürgerinnen und Bürger sowie für Vereine und Einrichtungen sollen diese Ziele verwirklicht werden.
Auf Grund des im Vergleich mit anderen Freiwilligenagenturen – besonders in anderen Bundesländern – geringen finanziellen und personellen Handlungsrahmens ist in Trier eine Ressourcenbindung in einigen der genannten Kernprozesse zu verzeichnen. Am stärksten ist die Trierer Agentur im Bereich der Information und Beratung von Freiwilligen aufgestellt. Dieser von der Bagfa als Kernprozess 1 bezeichnete Aufgabenschwerpunkt bindet auf Grund der starken Nachfrage der Bürgerinnen und Bürger – nicht nur aus der Stadt Trier – nach ehrenamtlichen beziehungsweise freiwilligen Tätigkeiten den größten Teil der zeitlichen und damit auch der personellen Ressourcen.
Bis Anfang Juni 2005 wurden in den knapp drei Jahren des Bestehens der Ehrenamtsagentur Trier über 320 Menschen über die Möglichkeiten eines freiwilligen Engagements beraten. Über 70 % von diesen 320 Beratungsfällen waren weiblich und fast 80 % aller Beratenen waren unter 60 Jahre. Diese drei Zahlen deuten an, dass die Ehrenamtsagentur einen guten Zuspruch erfährt und vor allem von Frauen und »jüngeren« Ehrenamtlichen als niedrigschwellige Zugangsmöglichkeit zu einem ehrenamtlichen Engagement genutzt wird.
Auf die Frage nach den Hintergründen, warum sie den Weg über die Ehrenamtsagentur einschlagen, antworten über 90 %

der von der Agentur Beratenen, dass sie sich neutral und umfassend informieren und beraten lassen wollen, auch um sich nicht direkt beim ersten Kontakt mit einer Gemeinwesenorganisation von dieser vereinnahmen zu lassen.[5] Sie möchten frei bleiben in ihrer Entscheidung, ob und wo sie letztlich ein Engagement aufnehmen.

Eng verbunden mit diesem Kernprozess der Beratung und Information von Freiwilligen ist der Kernprozess »Öffentlichkeitsarbeit«. Durch regelmäßige Veröffentlichungen in der Trierer Rathauszeitung, welche die Arbeit der Ehrenamtsagentur seit Beginn tatkräftig unterstützt und begleitet, sowie dem Trierischen Volksfreund wurde die Ehrenamtsagentur Trier als neutrale Beratungsinstanz in das Bewusstsein vieler Bürgerinnen und Bürger in Trier und dem Umland gebracht. Auch das Medium Internet gewinnt in diesem Zusammenhang zunehmend an Bedeutung. Zum einen durch eine Direktverlinkung mit der Webseite der Stadt Trier und zum anderen durch Verlinkungen unter dem Stichwort »Ehrenamt« finden immer mehr »Jüngere« und Menschen, die diesem Medium aufgeschlossen sind, den Weg in ein persönliches Beratungsgespräch. Durch Vorträge in Seminaren wurde auch der Kontakt zu den Studierenden der Universität Trier hergestellt, die mittlerweile die Agentur mit steigendem Zulauf nutzen. In Zukunft werden verschiedene gemeinsame Projekte angestrebt. Neben der Nutzung der Printmedien und des Internets bilden die beiden bisher stattgefundenen Veranstaltungen »Markt der Möglichkeiten« auf dem Viehmarktplatz in Trier mit jeweils über 50 teilnehmenden Vereinen und Organisationen einen wichtigen Baustein in der Öffentlichkeitsarbeit für das freiwillige Engagement und für die Arbeit der Ehrenamtsagentur Trier. Durch Informations- und Aktionsstände und ein buntes Mit-Mach-Programm – auf einer Fläche von 4000 Quadratmetern – wurde den zahlreichen Besucherinnen und Besuchern die breite und farbenfrohe Palette des bürgerschaftlichen Engagements in der Stadt Trier nahe gebracht. Werbemittel wie Faltblätter, Luftballons, Tra-

getaschen und Plakate mit dem Logo der Ehrenamtsagentur Trier verstärken weiter die öffentliche Wahrnehmung der Beratungseinrichtung. Die erfolgreiche Resonanz auf die hier dargestellten Elemente der Öffentlichkeitsarbeit spiegelt sich auch in den Antworten der befragten Menschen während der Beratungsgespräche wider, die zwar als Hauptinformationsquellen bis zum Jahr 2005 die Printmedien und das Internet nennen, aber auch verdeutlichen, dass die anderen genannten Komponenten zunehmend an Bedeutung gewinnen.
Die Beratung und Vermittlung von Freiwilligen und die Öffentlichkeitsarbeit, die als Wegbereiterin und Voraussetzung für diesen Prozess dient, sind die beiden Kernprozesse der Ehrenamtsagentur Trier, die im Wesentlichen auch ihre momentanen zentralen Arbeitsschwerpunkte darstellen. Die Beratung und Information von (Gemeinwesen-)Organisationen ist noch nicht in dem Maße verwirklicht, als dass sie als zufrieden stellend bezeichnet werden könnte. Als Grundlage für die Beratungsgespräche beziehungsweise eine entsprechende Vermittlung dienen Tätigkeitsprofile, welche die Organisationen bei der Agentur schriftlich einreichen. Ohne diese Profile wäre eine differenzierte Beratung von interessierten Bürgerinnen und Bürgern nicht möglich, was natürlich voraussetzt, dass die Ehrenamtsagentur Trier ihrerseits die Vereine und Einrichtungen über ihre Dienstleistungen informiert und über die Einsatzmöglichkeiten von freiwilligen Helferinnen und Helfern berät. Auf Grund der fehlenden personellen und finanziellen Ressourcen befinden sich die anderen genannten Kernprozesse noch im Entwicklungsstadium.
Seit Mai 2002 beteiligt sich die Ehrenamtsagentur Trier als eine von drei Agenturen des Landes Rheinland-Pfalz am Bundesmodellprogramm EFI (Erfahrungswissen für Initiativen). Das Modellprogramm, das sich für eine Stärkung der gesellschaftlichen Position älterer Menschen einsetzt, die Weitergabe von Erfahrungswissen zwischen den Generationen fördert, neue Aktionsfelder für freiwilliges Engagement erschließt und für die stärkere Einbeziehung des Erfahrungswissens älterer

Menschen aus beruflichen, ehrenamtlichen und familiären Kontexten eintritt, ist in einem zeitlichen Rahmen von fünf Jahre angelegt.

4. Zwischenbilanz und Perspektiven

Als der Vorstand im Jahr 1999 eine Projektgruppe zur Konzeptentwicklung für die Gründung einer Ehrenamtsagentur in Trier einrichtete, lagen bis dato nur wenige zugängliche Grundlagenpapiere zu diesem Einrichtungstyp vor. Diese bereits vorhandenen Unterlagen bildeten die Ausgangsbasis für das ursprüngliche Konzept, welches in modifizierter Form als Grundlage des Stadtratsbeschlusses des Jahres 2001 diente. Es wurde darin zum einen versucht, den aktuellen Bedürfnissen und Erfordernissen vor Ort Rechnung zu tragen, und zum anderen, innovative Aspekte, für die noch keine Erfahrungswerte vorlagen, zu integrieren.
Rückblickend auf das damalige Konzept kann festgestellt werden, dass der größte Teil der formulierten Ziele zu realisieren war, in anderen Bereichen Entwicklungsbedarf besteht und sich wiederum andere Ideen nicht in die Arbeit integrieren ließen. Durch die regelmäßige Evaluation und Reflexion durch die Prozessbeteiligten des Vereins wurde und wird das Konzept stetig modifiziert und entsprechend der örtlichen Gegebenheiten fortgeschrieben. Ein offensichtliches Kriterium für die Akzeptanz und die erfolgreiche Annahme der Einrichtung kann die hohe Frequentierung der Ehrenamtsagentur Trier durch die Bürgerinnen und Bürger sowie durch die Trierer Gemeinwesenorganisationen gesehen werden. Dennoch gibt es auch hier immer wieder Veränderungs- und Verbesserungsbedarf, auf den im Beratungsalltag reagiert werden muss. Durch die Etablierung des Projekts »Markt der Möglichkeiten« im Veranstaltungskalender der Stadt Trier könnte ein weiterer Schritt nach vorne gemacht werden. Der

Ausbau der Internetpräsenz der Ehrenamtsagentur, die bisher auf sehr gute Resonanz stößt, wird auch zukünftig vorangetrieben werden, um eine weitere niedrigschwellige Zugangsmöglichkeit anbieten zu können.
Bedingt durch den regelmäßigen Erfahrungsaustausch mit Freiwilligenagenturen innerhalb von Rheinland-Pfalz und anderen Bundesländern konnte das Konzept auch der allgemeinen Alltagspraxis angepasst werden. Unter dem Stichwort »Fachbeirat« sollte ursprünglich ein Beratergremium, bestehend aus Vertretern der Sozialpolitik und -wissenschaft, geschaffen werden, um eine anregende Wirkung für die Arbeit der Ehrenamtsagentur Trier zu entfalten. Ein solches Gremium besteht bisher bei keiner Freiwilligenagentur in Rheinland-Pfalz oder bei einer anderen bekannten Agentur außerhalb von Rheinland-Pfalz. Diese »Anregerfunktion« nehmen stellvertretend für die lokale Ebene landes- oder bundesweit tätige Organisationen und Netzwerke wahr, wie beispielsweise der Runde Tisch Ehrenamt der Landesregierung Rheinland-Pfalz oder das Bundesnetzwerk Bürgerschaftliches Engagement.
Auch das damals als »Netzwerk der Kooperationen« titulierte und angestrebte lokale Netz Trierer Gemeinwesenorganisationen ist aus verschiedenen Gründen noch nicht realisiert worden. Zum einen gibt es in Trier bereits sehr viele fachspezifische Zusammenschlüsse wie zum Beispiel die Psychosoziale Arbeitsgemeinschaft oder der Stadtverband für Leibesübungen und zum anderen fachübergreifende Netzwerke wie beispielsweise das L.A.U.N.E.-Netzwerk des Vereins Lokale Agenda 21 Trier e.V. oder das Regionalnetz des PARITÄTISCHEN Wohlfahrtsverbandes – Landesverband Rheinland-Pfalz/Saarland, in welchen die Ehrenamtsagentur Trier auch aktives Mitglied ist. Netzwerkarbeit ist gut und wichtig, dennoch besteht auf Grund der knappen (zeitlichen) Ressourcen aller Akteure unseres Gemeinwesens die Gefahr der Überlastung und »Netzwerkresistenz« der beteiligten Institutionen.
Eine weitere Entwicklungsperspektive für die Arbeit der

Ehrenamtsagentur und die Möglichkeit eines weiteren Ausbaus ihrer Dienstleistungen ist im EFI-Programm zu sehen. Bis zum Ende des Modellzeitraums werden über 20 Seniortrainerinnen und Seniortrainer ausgebildet sein, die durch ihre Ausbildung sowie ihre vielfältigen Kompetenzen wichtige Motoren für die Entwicklung neuer Aufgabenfelder für die ältere Generation sein werden.

Die bevorstehende Teilnahme am Qualitätsprozess der Bagfa wird für die Arbeit in Trier durch eine eingehende Stärken- und Schwächenanalyse und der damit verbundenen Maßnahmenentwicklung zur Verbesserung der Beratungs- und Informationsarbeit sowie zur Steigerung der öffentlichen Wahrnehmung des bürgerschaftlichen Engagements in der Stadt beitragen.

Um in Bezug auf die Qualität und der damit verbundenen Kernprozesse die Arbeit der Ehrenamtsagentur Trier weiter zu verbessern, werden zukünftig verschiedene Fortbildungsangebote den jährlichen Veranstaltungskalender der Agentur ergänzen und so zu einer weiteren Qualifizierung der freiwillig Engagierten und der hauptamtlichen Mitarbeiter im Bereich des bürgerschaftlichen Engagements beitragen. Auch ist ein Freiwilligencafe geplant, durch welches die bereits Tätigen, aber auch die noch Unentschlossenen die Möglichkeit der Begegnung und des regelmäßigen Erfahrungsaustauschs erhalten werden. Diese Ideen gilt es weiter zu entwickeln.

GOTT DIE EHRE ... UM DER MENSCHEN WILLEN

Ohne qualifiziertes Ehrenamt keine Entwicklung einer christlichen Gemeinde

Georg Köhl/Alexander Saberschinsky

1. Ehrenamt als Dienst an der Verkündigung des Evangeliums

In den christlichen Gemeinden der ersten Jahrhunderte ist das Ehrenamt der ›Normalfall‹. Die Schriften des Neuen Testamentes enthalten teilweise ›Dienstlisten‹, die verschiedene Aufgaben und damit verbundene Talente beziehungsweise Gnadengaben – das sind von Gott geschenkte Fähigkeiten – aufzählen (Röm 12,1–8; 1 Kor 12,12–31). Ziel der ehrenamtlichen Dienste ist die Mitwirkung an der Verwirklichung des Reiches Gottes im Hier und Jetzt sowie die Bestärkung untereinander in der Hoffnung auf seine Vollendung durch Gott selbst, die in manchen biblischen Schriften als unmittelbar bevorstehend angenommen wird (Naherwartung).
Die Verkündigung des Evangeliums (»Evangelisierung«) geschieht in vier Grundfunktionen: durch Leben in universaler solidarischer Gemeinschaft (Koinonia, Communio), durch den Dienst am Nächsten (Diakonia, Caritas), durch Zeugnis von der Frohen Botschaft (Martyria) und durch die Feier von Gottesdiensten und Sakramenten (Liturgia).
Der Auftrag, zu allen Völkern zu gehen und die Frohe Botschaft von der in Jesus Christus angebrochenen Gottesherrschaft zu verkünden (vgl. Mk 1,14f., Mt 28,19), gilt unverändert. Konkret geht es um Versöhnung mit Gott, Lebenshilfe aus dem Glauben sowie um Gerechtigkeit, Frieden und Bewahrung der Schöpfung (Seelsorge). Die Kirche als Zeichen und ›Anweg‹ für diese Gottesherrschaft in ihren territorialen wie in ihren kategorialen Strukturen ist zur Verwirklichung

dieses Auftrags mehr denn je auf qualifizierte ehrenamtliche Mitarbeiterinnen und Mitarbeiter angewiesen.
Ehrenamtliche Mitarbeiterinnen und Mitarbeiter sind vor allem in der territorialen, aber auch in der kategorialen Seelsorge – weltkirchlich gesehen – der ›Regelfall‹. Seelsorge als Beruf ist nicht zwingend aus dem katholischen Kirchenverständnis abzuleiten. In vielen Ländern anderer Kontinente, aber auch in Europa ernährt die Seelsorge nicht ›ihren Mann‹ beziehungsweise ›ihre Frau‹. Selbst das nach katholischem Kirchenverständnis notwendige Amt des Pfarrers kann neben- oder ehrenamtlich ausgeübt werden.

2. Für eine Kultur des Ehrenamtes in den Pfarreien

»Das Zweite Vatikanische Konzil hat in Erinnerung gebracht und eindeutig festgestellt: Die Kirche als Volk Gottes lebt auch ganz entscheidend von den Charismen, die der Geist Gottes allen Getauften und Gefirmten schenkt. ... So bedeutet auf der Grundlage des Evangeliums ehrenamtliches Laienengagement in der Kirche heute, dass Frauen und Männer, Junge und Alte ihre Begabungen im Dienst an den Mitmenschen einbringen, ihren Verantwortungsbereich mitgestalten und somit wirkungsvoll das Miteinander in Kirche und Gesellschaft stärken können.«[1]
Christliche Gemeindewerdung braucht eine Kultur des Ehrenamtes. Ehrenamtliches Engagement ist als Teilhabe am pastoralen Grundauftrag der Kirche ernst zu nehmen und zu fördern. Die unterschiedlichen Talente und Fähigkeiten sind bei der Übertragung von Diensten und Aufgaben angemessen zu berücksichtigen. Ein besonderes Augenmerk ist dabei auf die Benachteiligten in unserer Gesellschaft und ihre Begabungen zu richten. Dies verlangt offene Begegnungen, Gastfreundschaft und eine dialogische Gesprächskultur, die Interesse am Anderen auch am Fremden erkennen lässt.[2]

3. Ehrenamtliches Engagement in den Pfarreien des Bistums Trier

In allen vier Grundfunktionen christlicher Gemeinde wirken viele tausend Ehrenamtliche im Bistum Trier verantwortlich und mit großem Engagement mit bei der Gestaltung der Gemeinschaft und beim Gemeindeaufbau durch die Leitung von und die Mitarbeit in Gruppen, Aktionen, Projekten, Gremien, Verbänden und Gemeinschaften. Der universale solidarische Charakter der christlichen Gemeinde findet seinen Ausdruck im freiwilligen Einsatz vieler Christen für Frieden, Gerechtigkeit, Bewahrung der Schöpfung in Arbeitskreisen und Projektpartnerschaften, aber auch bei den Aktionen der großen kirchlichen Hilfswerke (zum Beispiel Misereor, Adveniat).

Die Caritas, der Dienst am Nächsten liegt weitgehend in der Hand von ehrenamtlichen Frauen. Sie wirken mit in Besuchsdiensten oder leiten sie, um Kontakte in der Gemeinde herzustellen und Not wahrzunehmen; sie besuchen kranke Menschen zuhause und im Krankenhaus, alte einsame Menschen im Altenheim sowie zuhause und organisieren konkrete Nothilfen und Begegnungsmöglichkeiten. Sie sorgen für materielle Unterstützung Hilfsbedürftiger, wirken mit in Suppenküchen und kümmern sich um Obdachlose. Sie regen Selbsthilfegruppen an und wirken leitend in ihnen mit (zum Beispiel Trauergesprächskreise), sie arbeiten ehrenamtlich mit in Telephonseelsorge und Hospizarbeit. Einige vor allem in Verbänden Engagierte (KAB, Kolping, BDKJ) setzen sich ein für Arbeitslosenprojekte, protestieren gegen Betriebsschließungen, helfen bei der Arbeitssuche, kümmern sich um Jugendräume oder Kinderspielplätze im Sinne sozialer und politischer Diakonie.

Bei der Verkündigung des Evangeliums wirken viele ehrenamtliche Mitarbeiterinnen mit in der Sakramentenkatechese durch die Leitung der Kindergruppen in der Erstkommunionvorbereitung und der Jugendgruppen in der Firmvor-

bereitung sowie durch Mitarbeit – vereinzelt auch in leitender Funktion – in Katechetenrunden; manche sind beteiligt an Taufkatechese, Erwachsenenkatechumenat, kirchlicher Ehevorbereitung und den unterschiedlichen Formen der Familien-, Frauen-, Jugend- und Kinderpastoral. Ehrenamtliche leiten Bibelkreise und Glaubensgesprächsgruppen und ermöglichen dadurch gegenseitige Glaubensbestärkung und Zeugnis von der gemeinsamen Hoffnung.
Auch in der Liturgie wirken in vielfältiger Weise Ehrenamtliche mit als Lektoren, Kantoren, Kommunionspender, Ministranten sowie im Kirchen- oder Kinderchor beziehungsweise in einer Jugendband. Frauen und Männer leiten Wortgottesdienste, Andachten, Prozessionen und Beerdigungen. Sie beteiligen sich an der Planung, Vorbereitung und Gestaltung von speziellen Gottesdiensten für Frauen, Kinder, Jugendliche und ältere Menschen sowie von Früh- und Spätschichten in Advents- und Fastenzeit.

4. Wandel des Ehrenamtes – auch in den Pfarreien

Wie in der Gesellschaft insgesamt stellt sich die Frage nach dem Ehrenamt auch in den kirchlichen Gemeinden. Insofern die Gemeinden nicht aus der gesamtgesellschaftlichen Entwicklung herausgenommen sind, sind auch die Menschen in ihnen den gleichen soziologischen Wandlungsprozessen unterworfen, wie sie im Zuge der Modernisierung auch die Gesellschaft insgesamt prägen. Daher stellt sich die Frage, wie die sozialethischen Überlegungen, wie sie auch im Vorangegangenem hier angestellt wurden, für die spezielle Situation der kirchlichen Gemeinden fruchtbar gemacht werden können. Welche Rolle spielt das Ehrenamt in den Gemeinden? Wie ist das Engagement der Ehrenamtlichen im Kontext des kirchlich-pastoralen Handelns zu verorten? Dies sind Fragen, die freilich nicht nur die Christliche Gesellschaftslehre als

Sozialethik betreffen, sondern in besonderer Weise auch und gerade die Pastoraltheologie. Denn auch in der Kirche ist das Ehrenamt im Wandel. Die pastoralen Aufgaben sind differenzierter und anspruchsvoller geworden bei gleichzeitig zurückgehender Zahl von Finanzen und Hauptamtlichen (vor allem Pfarrern), die Motive und das Selbstverständnis der Ehrenamtlichen in der Seelsorge sind ähnlich wie im sozialen Ehrenamt vielfältiger und störanfälliger geworden. Vor diesem Hintergrund soll gezeigt werden, inwieweit und inwiefern Christliche Gesellschaftslehre und Pastoraltheologie aufeinander verwiesen sind und einander zuarbeiten können.

Die Christliche Gesellschaftslehre versteht sich grundsätzlich als systematische Disziplin und fragt als solche nach dem inneren Zusammenhang des Glaubens und des theologischen Denkens, wobei es – beispielsweise in Unterschied zur Dogmatik als ebenfalls systematischer Disziplin – vor allem um die Reflexion des Verhältnisses von Glauben und Handeln geht. Der Christlichen Gesellschaftslehre geht es somit um die Verantwortbarkeit des Glaubens in der Gegenwart als Denk-, Lebens- und Strukturform in Kirche und Gesellschaft. Daher steht Christliche Gesellschaftslehre in gewisser Weise an der Schanierstelle zwischen ›Orthodoxie‹ und ›Orthopraxie‹. Dennoch ist der generelle Zugang der Christlichen Gesellschaftslehre ein systematischer, weil – insofern sie wissenschaftlich reflektierend nach einem verantworteten Handeln auf der Basis des Glaubens fragt – ihr Thema die ›Rationalität‹ des Glaubens ist. Rationalität lässt sich in diesem Zusammenhang am besten mit ›Denkwürdigkeit‹ übersetzen. ›Denkwürdig‹ ist der Glaube deshalb, weil »der Glaube, auch wenn er durch das Denken nicht hervorgebracht wird, doch nicht vernunftfremd, vielmehr ›vernünftig‹ ist, so dass Denken und Glauben auf längere Sicht nicht wie zwei unvereinbare Wahrheiten gegeneinander stehen können. So gibt der Glaube zu denken, ohne dass wir damit an ein Ende kämen.«[3] Die Enzyklika »Fides et ratio« Papst Johannes Pauls II. formuliert in der Einführung: »Glaube und Vernunft

sind wie die beiden Flügel, mit denen sich der Mensch zur Betrachtung der Wahrheit erhebt.« Diesem Programm weiß sich die Christliche Gesellschaftslehre als systematische Disziplin verpflichtet.
Unbeschadet des systematischen Ansatzes sind die Überlegungen der Christlichen Gesellschaftslehre auf das Handeln und auf die Praxis der Nachfolge – im speziellen Kontext der Gesellschaft – ausgerichtet. Konkret: Was bedeutet der Glaube für das Handeln in der Gesellschaft als Christ? Diese Perspektive verbindet sie mit der Pastoraltheologie. Denn Aufgabe der Pastoraltheologie ist erklärtermaßen die kritische Auseinandersetzung mit dem Handeln in den kirchlichen Tätigkeitsfeldern, vor allem in der Seelsorge. Insofern haben die Christliche Gesellschaftslehre und die Pastoraltheologie als Berührungspunkt die wissenschaftliche Reflexion des vernunftbegründeten Handelns auf dem Fundament des christlichen Glaubens. Wenngleich die Blickrichtungen nicht deckungsgleich sind, weil die Christliche Gesellschaftslehre vor allem nach dem Handeln in gesellschaftlichen Kontexten fragt, während die Pastoraltheologie den seelsorglichen Bereich in den Blick nimmt, so ist doch offensichtlich, dass es thematische Überschneidungen gibt, weil auch die Seelsorge sich nicht losgelöst vom größeren gesellschaftlichen Kontext vollzieht, sondern – im Gegenteil – oftmals mit den gesellschaftlichen Rahmenbedingungen eng verwoben ist, seien es institutionelle Vorgaben (Vereine, Verbände, Staat), seien es soziologische Entwicklungen, die auch die Gläubigen erfassen (Säkularisierung, Modernisierung, Pluralisierung, Wertewandel, Individualisierung). Dies gilt auch im Hinblick auf das Ehrenamt und seine Rolle in den Gemeinden.
Doch neben den thematischen Berührungspunkten ist auch besonders die methodische Nähe beider Fächer zu berücksichtigen, die beide dem Dreischritt von Sehen – Urteilen – Handeln verpflichtet sind. Dieses Vorgehen entspricht dem Selbstverständnis der Pastoraltheologie, die nicht als Umsetzungs- oder Anwendungslehre der übrigen theologischen

Disziplinen in der Praxis missverstanden werden darf. So will die Praktische Theologie – entgegen einem verbreiteten Irrtum – nicht vor allem konkrete Handlungsanweisungen geben, sondern entwickelt vielmehr eine (kritische) Theorie der kirchlichen Praxis, von der allerdings das praktische Handeln selbst zu unterscheiden ist. Dazu analysiert sie entsprechend dem genannten Dreischritt die Praxis kirchlichen Handelns, urteilt hierüber kritisch und entwickelt Theorien, die in eine verbesserte Praxis einfließen können, die allerdings ihrerseits dann wiederum Gegenstand kritischer Analyse und Reflexion ist. Man kann also sagen: Wissenschaftlich reflektiert wird hier die Verwirklichbarkeit des Glaubens in der Praxis. Darüber hinaus lassen sich als weitere Gemeinsamkeiten beider Fächer benennen:[4] Achten und Deuten der »Zeichen der Zeit«; Anwendung der empirischen und hermeneutischen Methoden; Ausgangspunkt beim Menschen als Person: Er ist maßgebliches Subjekt der Praxis.
Fragt man vor dem Hintergrund dieser Überlegungen, in welche Richtung die Entwicklung in den Gemeinden hinsichtlich des Ehrenamtes gehen soll, so findet man im Pastoralschreiben des Bischofs von Trier Dr. Reinhard Marx vom 29. Juni 2005 den Hinweis: »Es sollen neue Formen der verbindlichen Zusammenarbeit zwischen dem Pfarrer, den Hauptamtlichen, den Ehrenamtlichen und gegebenenfalls den Verbänden und Gruppen erarbeitet werden. Dabei soll darauf geachtet werden, dass Ehrenamtliche nicht einfach zum Ersatz für Hauptamtliche werden, sondern ihre eigenen Talente und Fähigkeiten zum Wohle aller einbringen können.«[5] Es wird deutlich, dass mit der Frage nach dem Ehren-›amt‹ auch die Frage nach dem Amtsverständnis insgesamt aufgeworfen ist. Es gilt, die Zuordnung von Haupt- und Ehrenamtlichen zu klären. Theologisch ist dabei vor allem das Zueinander von allgemeinem und speziellem Priestertum zu beachten sowie die Rolle der Ehrenamtlichen vor dem Hintergrund der unterschiedlichen Kirchenbilder.[6]

5. Ehrenamtliche gewinnen, motivieren, unterstützen und fördern

Unbeschadet dessen, dass dem Pfarrer als Gemeindeleiter die Fürsorge für alle haupt- und ehrenamtlichen Mitarbeiterinnen und Mitarbeiter aufgetragen ist, ist im Bistum die Sorge um das Ehrenamt eine spezifische Aufgabe der pastoralen Laienberufe. Im Standardteil der Stellenbeschreibungen[7] heißt es dazu für den Beruf Gemeindereferentin: »Gewinnung, Anleitung und Begleitung von Personen und Gruppen, die ehrenamtlich in den Bereichen Diakonie, Katechese und Liturgie mitarbeiten«[8], für den Beruf Pastoralreferent: »Aus- und Fortbildung von ehrenamtlichen Mitarbeiterinnen und Mitarbeitern«.[9] Für eine Kirche, die in einen für einen christlichen Lebensentwurf werbenden Dialog mit anderen Lebensentwürfen und Weltanschauungen eintreten will, ist die Qualifizierung Ehrenamtlicher unverzichtbar. Denn nur pluralitätstolerante Christen mit begründetem Standpunkt und der Fähigkeit, andere Sichtweisen verstehen und stehen lassen zu können, sind in der Lage, solche Dialoge zu führen. In Zeiten des Umbruchs wird in besonderer Weise spürbar: Der Glaube ist angewiesen auf Kommunikationsprozesse. Kirche muss sich als Gemeinschaft in Gemeinschaften gestalten. Es ist eine zentrale Aufgabe der Pastoral von heute und morgen, soziale Lebensräume des Glaubens aufzubauen und zu pflegen.[10]
»Die Gestaltung der Kirche als Gemeinschaft in Gemeinschaften bedarf einer kompetenten Begleitung. Es braucht Menschen, die mit theologischer und sozialer Kompetenz Gruppen und Gemeinschaften begleiten, ihnen die Hilfe und Impulse geben, die sie brauchen, und die in spiritueller Hinsicht eine gewisse Bandbreite und für eine gesunde Atmosphäre in den Gemeinschaften sorgen.«[11]
Unterstützung und Förderung der Ehrenamtlichen bedeutet für die Pastoral- und Gemeindereferenten und -referentinnen, »ihre professionelle Kompetenz nicht als ›Herrschaftsinstrument in der Hand von Experten‹, sondern als helfende und be-

freiende Dienstleistung an der Subjektwerdung von Gemeinden, Gruppen und einzelnen Menschen in einem offenen und partnerschaftlichen Dialog einzubringen.«[12]

Dem widerspricht es, wenn von Seiten der Hauptamtlichen die Motivation Ehrenamtlicher häufig gebremst wird durch Mangel an Wertschätzung.[13] Leider werden nach wie vor Personen überredet, manchmal gar gedrängt (zum Beispiel in der Sakramentenvorbereitung »im Interesse ihrer Kinder«) Aufgaben zu übernehmen. Es wird auch immer wieder nur ›Arbeit‹, aber keine genaue Zuständigkeit mit entsprechenden Kompetenzen delegiert. Es fehlt häufig die Zurüstung und Unterstützung für die übertragene Aufgabe, etwa die einfache Frage »Was brauchen Sie, um ihre Arbeit gut machen zu können?« beziehungsweise von Zeit zu Zeit die Nachfrage »Haben Sie noch alles, was Sie für die ehrenamtliche Aufgabe brauchen?« Die hauptberuflichen Laienseelsorger und Laienseelsorgerinnen sind aufgefordert, ihre Kompetenz und ihre Macht zu nutzen, um Ehrenamtliche zur Wahrnehmung ihrer Aufgaben zu ermächtigen. Für die Gewinnung und Begleitung von ehrenamtlichen Mitarbeiter(innen) sind folgende Grundsätze zu beachten:

- Motivation in einem längeren Prozess, nicht appellieren oder moralisch unter Druck setzen, Hilfestellung leisten bei der Motivklärung[14];
- eine eigenständige bewusste Entscheidung zur Mitarbeit ermöglichen;
- die Aufgabe möglichst klar umschreiben, auch was die zeitliche Beanspruchung angeht; ein mögliches Ende angeben;
- Doppelfunktionen beziehungsweise Ämterhäufung möglichst vermeiden, denn ›Weniger ist oft mehr‹;
- ›Teamarbeit‹ gewährleisten, um Isolierung, Überforderung und ›Ausbrennen‹ der Mitarbeiter(innen) zu verhindern;
- nicht nur Arbeit, sondern auch Verantwortung und notwendige (finanzielle) Mittel delegieren;
- die Mitarbeiter(innen) und ihre Aufgabe in der Pfarrei be-

kannt machen und in die entsprechenden Gremien einbinden;

- die Mitarbeiter(innen) fachlich und persönlich begleiten und ihnen Fortbildung für ihre Aufgabe ermöglichen (in der Regel ohne finanzielle Eigenbeteiligung);
- die Arbeit der Mitarbeiter(innen) anerkennen durch regelmäßige Nachfrage (›Stand der Dinge‹), gemeinsame Feste und Feiern, persönlichen Dank und würdige Verabschiedung;
- für die entstehenden Unkosten und Aufwendungen Möglichkeiten der Entschädigung eröffnen;
- die Mitarbeiter(innen) versicherungsrechtlich absichern (Haftpflicht- und Unfallversicherung);
- eine Stufenleiter von in den Anforderungen unterschiedlichen Mitarbeitsfunktionen entwickeln, um persönlichen Kompetenzzuwachs von Mitarbeitern(innen) zu ermöglichen;[15]
- Frauen Hilfen zur Übernahme von Führungspositionen bieten;
- einen partnerschaftlichen Umgangs- und Leitungsstil in allen Gruppen und Kreisen fördern, da dieser eine unabdingbare Voraussetzung für eine zufrieden stellende Mitarbeit ist.[16]

6. Testfall: Pfarrgemeinderat als pastorales Steuerungsgremium

Das zentrale Laiengremium zur Planung der Pastoral ist der Pfarrgemeinderat auf der Ebene der Pfarrei und der Pfarreienrat auf der Ebene der Pfarreiengemeinschaft. Wie ernst die Laien in der Realität genommen werden, entscheidet sich vor allem in der Frage der Rolle und Bedeutung des Pfarrgemeinderates für pastorale Entwicklungsprozesse.[17]

Deshalb sollen an dem Beispiel eines Gemeindeentwicklungsprozesses mit dem Ziel, den Pfarrgemeinderat zum pastoralen Steuerungsgremium zu machen, die differenzierten Anleitungs- und Förderungsprozesse in der Begleitung ehrenamtlicher Mitarbeiterinnen und Mitarbeiter aufgezeigt werden. Dies geschieht vor dem Hintergrund, dass eine solche Gemeindeentwicklung, nicht nur formal die Prozesse in einer Gemeinde analysiert, sondern darüber hinaus vorfindliche Kirchenbilder und das Gemeindeverständnis inhaltlich berücksichtigt.

Im Folgenden werden die einzelnen Etappen des Prozesses vorgestellt, einzelne Veranstaltungen im Blick auf die Zurüstung und Förderung der Ehrenamtlichen näher entfaltet.

Etappen und Organe des Gemeindeentwicklungsprozesses

Grundinformation und Entscheidung im Pfarrgemeinderat: Von einem Fachmann begleiteter Gemeindeentwicklungsprozess (12–15 Monate)

Auftakt: Zukunftswerkstatt für die Mitglieder des Pfarrgemeinderats und interessierte ehrenamtliche Mitarbeiterinnen und Mitarbeiter (Thema: Hat unsere Gemeinde Zukunft?)

Als Ergebnis der Werkstatt entstanden vier Arbeitsgruppen:

A 1: Vorbereitung der Pfarrgemeinderatswahl,
A 2: Liturgie-Planung,
A 3: Oasentag für Frauen,
A 4: Abschiedskultur.

Gleichzeitig wurde eine Steuerungsgruppe zur organisatorischen Leitung und Außensteuerung (Leitung: Gemeindereferentin) sowie eine Projektgruppe zur inhaltlichen Steuerung und Reflexion (Leitung: Pfarrer) installiert. Der Gemeindeentwickler arbeitete in beiden Steuerungsgremien mit. Alle Ergebnisse der verschiedenen Gruppen wurden protokolliert, der Gesamtprozess ausgewertet und dokumentiert.

Ein wichtiger (Neben-)effekt der Zukunftswerkstatt über die konkreten Ergebnisse hinaus war ein großer Motivationsschub für ehren- und hauptamtliche Mitarbeiter und Mitarbeiterinnen, der vielfach bis heute anhält. Das ist sowohl auf das ganzheitliche Lernarrangement mit einer partizipativen und kooperativen Grundstruktur und den drei Phasen, die zentrale menschlich Bedürfnisse ansprechen – die Kritikphase (Ärger loswerden, um unbelastet gemeinsam nach vorne zu schauen), die Visions- oder Phantasiephase (sich seiner (christlichen) Wurzeln versichern sowie von jeder Realität abgehobene Ideen spinnen und kreativ gestalten) und die Verwirklichungsphase (zu konkreten überprüfbaren Ergebnissen und Vereinbarungen für die Alltagspraxis kommen) –, als auch auf die Qualität der Begegnungen und des Erfahrungsaustausches in den Pausen, am Abend, in den Gottesdiensten und bei den Mahlzeiten zurückzuführen.

Pfarrversammlung: Begegnung der Gruppen, Rechenschaftsbericht des Pfarrgemeinderates in Form eines Sketches durch zwei Frauen aus dem Pfarrgemeinderat und durch einen schriftlichen Bericht des Vorsitzenden, Befragung der Hauptamtlichen zur Situation der Pfarrei, Verabschiedung von ehrenamtlichen Mitarbeiterinnen und Mitarbeitern.

Im Zentrum der Pfarrversammlung stand die Begegnung, Information und Anteilnahme der ehrenamtlichen Gruppierungen untereinander. Die Personen lernten einander und das jeweilige Engagement (besser) kennen. Die gewachsene gegenseitige Wertschätzung war spürbar.

Die Hauptamtlichen standen vor 140 Leuten Rede und Antwort über ihre Arbeit, beantworteten auch durchaus kritische Nachfragen ruhig und sachlich und nahmen Anregungen bereitwillig auf. Durch dieses dialogische Verhalten wurde die partnerschaftliche Zusammenarbeit zwischen Haupt- und Ehrenamtlichen verdeutlicht.

Höhepunkt der Veranstaltung war die von der Arbeitsgruppe ›Abschiedskultur‹ vorbereitete Verabschiedung ausscheidender freiwilliger Mitarbeiterinnen und Mitarbeiter. Pfarrer, Gemeindereferentin und die stellvertretende Vorsitzende des Pfarrgemeinderates bedankten sich angefangen bei der Ministrantin nach dreijähriger Dienstzeit bis zum Pfarrgemeinderatsvorsitzenden nach 30-jähriger Mitarbeit, 16 Jahre als Vorsitzender. Der Pfarrer würdigte das konkrete Engagement, als Anerkennung wurden eine persönliche Ehrenamtsurkunde und ein kleines Geschenk überreicht. Beim Hinausgehen am Ende des Abends hörte man eine 75-jährige Frau, ehemalige Mitarbeiterin im Besuchsdienst, sagen: »Dass mir einmal vor so vielen Leuten gedankt werden würde, hätte ich mir niemals träumen lassen!«

Motivationstag für ehrenamtliche Mitarbeiterinnen und Mitarbeiter: Der Tag hatte zwei Schwerpunkte, einmal eine theologische und persönliche Auseinandersetzung mit dem Thema ›Seelsorge‹ sowie die konkrete Bearbeitung der Frage: »Was brauchen die Ehrenamtlichen, um ihre Aufgabe gut bewältigen zu können (Anleitung, Fortbildung, Erfahrungsaustausch, Räume, Finanzen ...)?«

Beratung des Vorstandes des neuen Pfarrgemeinderates zum Thema Leitung und Entlastung von Leitung.

Startveranstaltung für den neuen Pfarrgemeinderat: Aufgaben, Sitzungsstruktur und Sitzungskultur, Aktionen und Veranstaltungen.

Es wurde eine verbindliche Struktur der Sitzungen vereinbart: zwei Stunden, eine Stunde inhaltliche Beschäftigung mit einem vorbereiteten Thema (Tischvorlage), eine Stunde Information (Rückfragen, keine Diskussion) und Organisation, ein passendes geistliches Element. Die Sitzungsleitung kann wechseln.

Reflexionstag (etwa ein Jahr nach der Einführung des neuen Pfarrgemeinderates): Persönliche und theologische Auseinandersetzung mit dem eigenen Kirchenbild, Reflexion des Gemeindeentwicklungsprozesses und der Arbeit des neuen Pfarrgemeinderates und Ausblick.

Wichtige Ergebnisse der Reflexion waren: Das Ziel, den Pfarrgemeinderat zum ›pastoralen Steuerungsgremium‹ zu entwickeln, wurden bis hierher erreicht. Der wichtigste Anstoß kam durch die Zukunftswerkstatt: aus der Lähmung zur vertieften Motivation.

Die Pfarrversammlung hat den Zusammenhalt gefestigt und die Zusammenarbeit verbessert. Sie erweist sich zugleich als ein Forum zur Werbung für das Ehrenamt. Außerdem trägt sie zu größerer Transparenz bei, was alles in der Gemeinde geschieht. Die neue Struktur im Pfarrgemeinderat hat sich bewährt: gute Vorbereitung, transparente Information, hohe Beteiligung, Wertschätzung und angenehme Atmosphäre. Im Hinblick auf das Ehrenamt versteht sich der Pfarrgemeinderat als »Auge für die Ehrenamtlichen«. Für den künftigen Umgang mit ihnen haben sich folgende Orientierungsmarken herauskristalisiert: zeitliche Begrenzung des Engagements, Anforderungen und Erwartungen klären und klar absprechen, Gestaltungsmöglichkeiten aufweisen, Unterstützung anbieten, Reflexion ermöglichen (Rückblick und Ausblick), Kultur des Dankes und Abschieds.

Durch die handlungsorientierte theologische Bildung (Seelsorge- und Kirchenverständnis) ist einerseits die Kompetenz im Volk Gottes gewachsen, andererseits sind Defizite deutlich geworden.[18]

Im Hinblick auf Ehrenamtliche können so die vier Grundaufgaben im Umgang mit Mitarbeitern nach Joseph Cardijn erfüllt werden: Suche aktive Mitarbeiter! Rüste aktive Mitarbeiter! Begleite aktive Mitarbeiter! Tröste aktive Mitarbeiter![19]

Abbildung (vgl. Anm. 14):

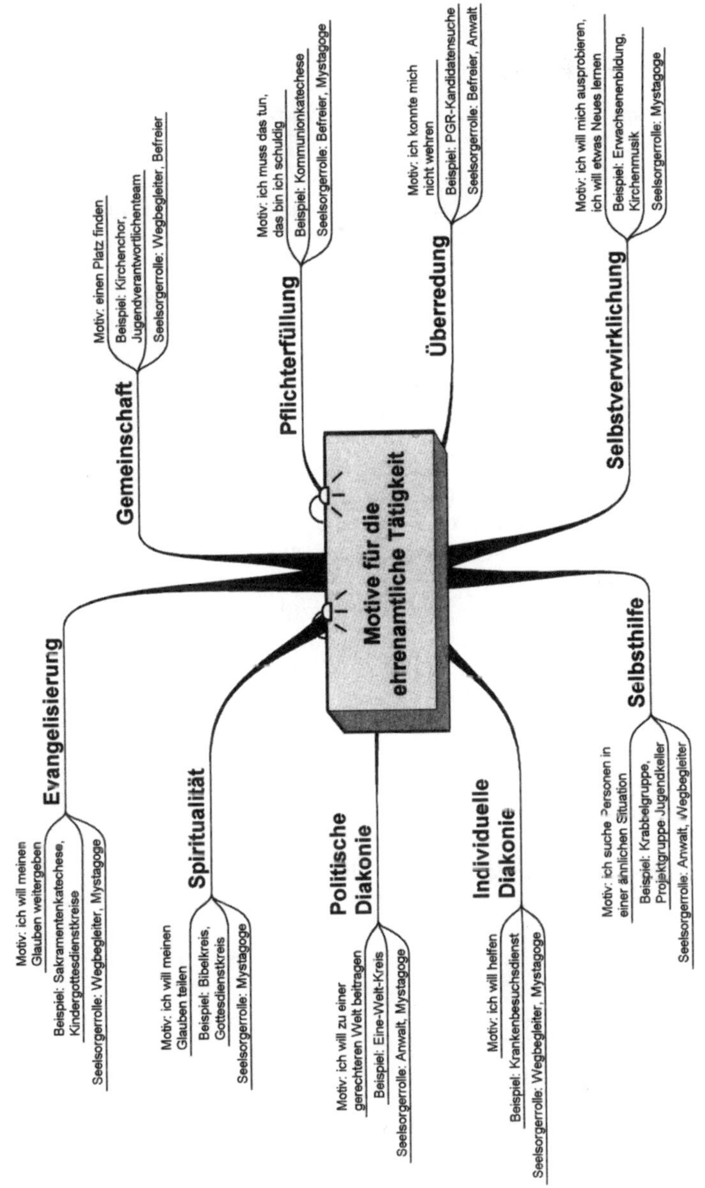

ANMERKUNGEN

Zu: Hans Braun, Strukturwandel des Ehrenamts

1 Dieter *Schöffmann:* »Ehrenamtliche werben« oder »Aktivbürger(innen) für eine sinngeleitete Mitarbeit gewinnen«, in: caritas. Zeitschrift für Caritasarbeit und Caritaswissenschaft, 2/1998, S. 83–89.

2 Gudrun *Born:* Sozial Engagierte in Gemeinden zwischen Predigt und Praxis. Freiburg 1995, S. 16.

3 Siehe Hans *Braun,* Stephan *Articus:* Zwischen ehrenamtlichem Engagement und unterbezahlter Arbeit. Zur Struktur und Funktionsweise »organisierter Nachbarschaftshilfe«, in: Nachrichtendienst des Deutschen Vereins für öffentliche und private Fürsorge, 10/1985, S. 317–319 und S. 322–328 sowie Gudrun Born, a.a.O., S. 15.

4 Zum folgenden siehe Udo *Neumann,* Werner *Hübinger:* Ehrenamt. Empirische Studien und begriffliche Abgrenzung, in: Archiv für Wissenschaft und Praxis der sozialen Arbeit, 3/1999, S. 121–125.

5 Vgl. hierzu auch in diesem Band unten S. 56f.

6 Siehe hierzu Hans *Braun:* Der Sozialstaat: Ausmaß und Probleme, in: Alfred Bellebaum, Hans Braun, Elke Groß (Hrsg.): Staat und Glück. Politische Dimensionen der Wohlfahrt. Opladen 1998, S. 115–119.

7 Ursula *Nothelle-Wildfeuer:* Zivilgesellschaft und soziale Gerechtigkeit, in: Die Neue Ordnung, 6/1997, S. 436.

8 Zum folgenden siehe Hans *Braun:* Über das Schicksal des Solidaritätsgedankens im Wohlfahrtsstaat, in: Alfred Bellebaum, Heribert Niederschlag (Hrsg.): Was Du nicht willst, daß man Dir tu'... Die Goldene Regel – ein Weg zu Glück? Konstanz 1999, S. 184–188. Zu den Erscheinungsformen der Solidarität siehe Hans *Braun:* »Und wer ist mein Nächster?« Solidarität als Praxis und als Programm. Tübingen 2003, S. 25–109.

9 Siehe Francis *Fukuyama:* Trust. The Social Virtues and the Creation of Prosperity. New York 1995, S. 26–28. Zum Konzept des Sozialkapitals siehe auch Andreas *Platthaus:* Aller Seiten Freund. Was darf der Begriff »Sozialkapital« hoffen? in: Friedrich Wilhelm Graf, Andreas Platthaus, Stephan Schleissing (Hrsg.): Soziales Kapital in der Bürgergesellschaft. Stuttgart 1999, S. 161–176.

10 Bundesministerium für Familie, Senioren, Frauen und Jugend: Freiwilliges Engagement in Deutschland – Freiwilligensurvey 1999 – Ergebnisse der Repräsentativerhebung zu Ehrenamt, Freiwilligen-

arbeit und bürgerschaftlichem Engagement, Band 1: Gesamtbericht. Stuttgart 2000, S. 53.

11 In die Untersuchung einbezogen waren Belgien, Bulgarien, Dänemark, Deutschland, Frankreich, Großbritannien, Irland, die Niederlande, Schweden und die Slowakei.

12 Katherine *Gaskin,* Justin Davis *Smith,* Irmtraut *Paulwitz* et al.: Ein neues bürgerschaftliches Europa. Eine Untersuchung zur Verbreitung von Volunteering in zehn Ländern. Freiburg 1996, S. 205.

13 Ebd., S. 65.

14 http://www.indendentsector.org/GandV/s_volu.htm vom 20.07.2001.

15 Bundesministerium für Familie, Senioren, Frauen und Jugend, a.a.O., S. 18.

16 Ebd., S. 18.

17 Katherine *Gaskin,* Justin Davis *Smith,* Irmtraut *Paulwitz* et al., a.a.O., S. 66.

18 Bundesministerium für Familie, Senioren, Frauen und Jugend, a.a.O., S. 27.

19 Ebd., S. 67.

20 Ebd., S. 93.

21 Ebd., S. 47.

22 Katherine *Gaskin,* Justin Davis *Smith,* Irmtraut *Paulwitz* et al., a.a.O., S. 79.

23 Ebd., S. 74.

24 Vgl. zur ethischen Reflexion der verschiedenen Motive in diesem Band unten S. 48–55.

25 http://www.indendentsector.org/GandV/s_volu.htm vom 20.07.2001.

26 Siehe hierzu Christiane *Wessels:* Das soziale Ehrenamt im Modernisierungsprozeß. Chancen und Risiken des Einsatzes beruflich qualifizierter Frauen. Pfaffenweiler 1994, S. 48–52.

27 Astrid *Hedtke-Becker:* (Individuelle) Beweggründe und die Zukunft von Ehrenamt, in: Caritasverband für die Diözese Trier e.V. (Hrsg.): Weichenstellung Ehrenamt – die ehrenamtliche Caritas im Bistum Trier zukunftsfähig machen. Trier 1997, S. 10–12.

28 Malteser-Hilfsdienst, Generalsekretariat (Hrsg.): Ehrenamtliche Tätigkeit im Malteser-Hilfsdienst. Köln 1997, S. 16.

29 Siehe Michael *Helmbrecht:* Zusammenarbeit von Seniorenbüros, Freiwilligen-Agenturen und Selbsthilfekontaktstellen, in: Joachim Braun, Oskar Klemmert (Redaktion): Selbsthilfeförderung und bürgerschaftliches Engagement in Kreisen und Städten. Fachtagung des Bundesministeriums für Familie, Senioren, Frauen und Jugend am 16./17. Februar 1998 in Bonn. Köln 1998, S. 135–137.

30 Vgl. hierzu den Beitrag von Carsten Müller Meine in diesem Band.

31 Siehe hierzu Albert *Wohlfarth:* Ehrenamtliches Engagement heute. Das

theologisch-psychologische Qualifizierungskonzept für Ehrenamtliche im Altenbesuchsdienst. Würzburg 1995, S. 40–46.

32 http://www.independentsector.org/about/about-is.htm vom 20.07.2001.

33 Vgl. den Exkurs in diesem Band S. 49–52.

34 Siehe Karl Otto *Hondrich:* Der Neue Mensch und seine Herkunft. Die Gesellschaft der Individuen verstärkt kollektive Zwänge und Bindungen, in: Bilder und Zeiten. Wochenendausgabe der Frankfurter Allgemeinen Zeitung, 31. Mai 1997, Nr. 123, S. 1f.

35 Helmut *Klages:* Engagement und Selbstentfaltung passen zusammen, in: aktiv und gemeinsam, 2/1998, S. 1f.

36 Siehe hierzu Hans *Braun,* Alexandra *Caster:* Civil Commitment. The Contribution of Volunteering to Community Building, in: Barry Ferguson, Lance W. Roberts (Hrsg.): Social Capital And Community In Canada And Germany. Winnipeg 2005, S. 59–62.

Zu: Alexander Saberschinsky, »Willst du froh und glücklich leben, laß kein Ehrenamt dir geben.«

1 Das Gedicht wird in der Regel Wilhelm Busch zugeschrieben, lässt sich aber in dessen Werk nicht finden, so dass an dieser Stelle die tatsächliche Autorenschaft offen bleiben muss.

2 So eine Formulierung von Ulrich *Beck:* Kinder der Freiheit: Wider das Lamento über den Werteverfall, in: Kinder der Freiheit, hrsg. von dems., Frankfurt/M. 1997, S. 9–33, Zitat: S. 9. Vgl. auch Heiner *Keupp:* Eine Gesellschaft der Ichlinge. Zum bürgerschaftlichen Engagement von Heranwachsenden, hrsg. von vom Sozialpädagogischen Institut im SOS-Kinderdorf e.V., München 2000, S. 8–10.

3 Vgl. hierzu Ursula *Nothelle-Wildfeuer:* Neues Ehrenamt und Zivilgesellschaft, in: Christliche Sozialethik im Dialog. Zur Zukunftsfähigkeit von Wirtschaft, Politik und Gesellschaft – Festschrift zum 65. Geburtstag von Lothar Roos, hrsg. von ders. und Norbert Glatzel, Grafschaft 2000, S. 167–193, hier: S. 170–172, sowie Michael N. *Ebertz:* Mobilisierung ehrenamtlichen Engagements, in: Theologisch-praktische Quartalschrift 142 (1994), S. 145–152, hier: S. 147–149.

4 Vgl. Hanna-Renate *Laurien:* Zum Stellenwert des Ehrenamtes angesichts der Grenzen des Sozialstaates, in: Caritas. Zeitschrift für Caritasarbeit und Caritaswissenschaft 96 (1995), S. 293–300, hier: S. 294.

5 Hans *Braun:* Die Aktualität ehrenamtlicher Arbeit, in: Caritas. Zeitschrift für Caritasarbeit und Caritaswissenschaft 91 (1990), S. 584–587, Zitat: S. 585.

6 Vgl. Renate *Köcher:* Die Caritas im Spiegel der öffentlichen Meinung, in: Caritas. Zeitschrift für Caritasarbeit und Caritaswissenschaft 97 (1996), S. 248–255, hier: S. 254.

7 Unter den Katholiken insgesamt sind es allerdings nur 17 Prozent, so dass sich diese Zahl der Haltung der Bevölkerung insgesamt wieder stark annähert. Vgl. Albert *Wohlfahrt:* Ehrenamt zwischen Management und Spiritualität, in: Lebendige Seelsorge 48 (1997), S. 57–60, hier: S. 57.

8 Alexander *Foitzik:* Anerkennung. Initiative zur Aufwertung des Ehrenamtes, in: Herder-Korrespondenz 51 (1997), S. 115f., Zitat: S. 115.

9 M. *Ebertz,* a.a.O. (s.o. Anm. 3), S. 146.

10 Vgl. zur Modernisierung Rainer *Geißler:* Die Sozialstruktur Deutschlands. Zur gesellschaftlichen Entwicklung mit einer Zwischenbilanz zur Vereinigung, mit einem Beitr. von Thomas Meyer, Bonn ^{2}1996. Vgl. auch das Zitat unten in Anm. 21.

11 M. *Ebertz,* a.a.O. (s.o. Anm. 3), S. 149–152.

12 Vgl. hierzu aus soziologischer Sicht in diesem Band oben S. 35f.

13 Vgl. Peter *Hilbert:* Ehrenamt braucht Profil, in: Caritas. Jahrbuch des deutschen Caritasverbandes 1999 (1998), S. 409–413, hier: S. 409.

14 Vgl. zu dieser Fragestellung Hubert *Oppl:* Sozialarbeit im Spannungsfeld von Ehrenamt und Selbsthilfe, in: Ehrenamt und Sozialhilfe, hrsg. vom Deutschen Caritasverband (= Themen der sozialen Arbeit, Bd. 2), Freiburg i.Br. 1986, S. 65–91, näherhin: S. 82–86.

15 Zu den genannten Apekten vgl. in diesem Band oben S. 28f.

16 Zum Zusammenhang zwischen ›sozialem Kapital‹ und den verschiedenen Formen der Solidarität vgl. in diesem Band oben S. 16–20.

17 Ergebnisse der Repräsentativerhebung 1999 zu Ehrenamt, Freiwilligenarbeit und bürgerschaftlichem Engagement, 3 Bde. (= Schriftenreihe des Bundesministeriums für Familie, Senioren, Frauen und Jugend, Bd. 194.1–3), Stuttgart–Berlin–Köln 2000, hier: Vorwort.

18 Vgl. hierzu ausführlicher in diesem Band oben S. 30–35.

19 Helmut *Klages:* Engagementpotenzial in Deutschland, in: Joachim Braun, Helmut Klages: Zugangswege zum freiwilligen Engagement und Engagementpotenzial in den neuen und alten Bundesländern (= Ergebnisse der Repräsentativerhebung 1999 zu Ehrenamt, Freiwilligenarbeit und bürgerschaftlichem Engagement, Bd. 2), Stuttgart-Berlin-Köln 2000, S. 114–198, hier: S. 188–198.

20 Vgl. hierzu Hellmut *Puschmann:* Politische Rahmenbedingungen für das Ehrenamt, in: Caritas. Jahrbuch des deutschen Caritasverbandes 1999 (1998), S. 377–384, Richard *Hauser:* Anreize und Anerkennung für ehrenamtliche Arbeit, in: ebd., S. 405–412, sowie v. a. die *Notwendigen Rahmenbedingungen für ein zukünftiges soziales Ehrenamt* der Caritas-Konferenzen Deutschlands vom März 1996, in: Caritas.

Zeitschrift für Caritasarbeit und Caritaswissenschaft 97 (1996), S. 232–235.

21 Vgl. dazu eine Aussage des ehemaligen Bundespräsidenten Roman *Herzog* in seiner Ansprache vor der Aktion Gemeinsinn aus Anlass der Kampagne »Verstehen beginnt mit Zuhören« auf der Wartburg am 11. November 1995: »Mit Appellen an alte Zeiten und Werte kann die Verunsicherung, die wir bei Werten und Institutionen verzeichnen, nicht überwunden werden. Mitunter habe ich den Verdacht, daß manche, die traditionellen Gemeinschaftsinn und Bürgertugenden predigen, nur das Rad der Geschichte zurückdrehen und die Gesellschaft in die alten Strukturen zurückführen wollen.«

22 Vgl. Wolfgang *Ockenfels:* Kleine Katholische Soziallehre. Eine Einführung, Trier [4]1992, S. 86.

23 A. *Foitzik,* a.a.O. (s.o. Anm. 8), S. 115.

24 H. *Braun,* a.a.O. (s.o. Anm. 5), S. 585.

25 Vgl. R. *Herzog,* a.a.O. (s.o. Anm. 21). Vgl. auch Rainer A. *Roth:* Freiwilliges Engagement für eine humanere Gesellschaft, in: Caritas. Zeitschrift für Caritasarbeit und Caritaswissenschaft 99 (1998), S. 68–74, hier: S. 68f.

26 Vgl. hierzu die Sicht des Soziologen in diesem Band oben S. 36–38.

27 Zu den Wertetypen in den alten und neuen Bundesländern vgl. Thomas *Gensicke:* Freiwilliges Engagement in den neuen und alten Ländern, in: Joachim Braun, Helmut Klages, a.a.O. (s.o. Anm. 19), S. 22–113, hier: S. 54–58.

28 Thomas *Gensicke:* Wertewandel und Familie, in: Aus Politik und Zeitgeschichte B29/30, 1994, S. 36–47.

29 Ebd., S. 45.

30 H. *Braun,* a.a.O. (s.o. Anm. 5), S. 585.

31 Vgl. U. *Nothelle-Wildfeuer,* a.a.O. (s.o. Anm. 3), S. 176–178. Vgl. zur ausführlicheren soziologischen Sichtweise in diesem Band oben S. 25–28.

32 Vgl. Für eine Zukunft in Solidarität und Gerechtigkeit. Wort des Rates der Evangelischen Kirche in Deutschland und der Deutschen Bischofskonferenz zur wirtschaftlichen und sozialen Lage in Deutschland (= Gemeinsame Texte, Nr. 9), hrsg. vom Kirchenamt der Evangelischen Kirche in Deutschland und vom Sekretariat der Deutschen Bischofskonferenz, Bonn 1997, Nr. 157.

33 U. *Beck,* a.a.O. (s.o. Anm. 2), S. 19.

34 Ansprache von Bundespräsident Roman *Herzog* aus Anlass des »Tages des Ehrenamtes« am 5. Dezember 1997 in der Villa Hammerschmidt, Bonn.

35 Arthur F. *Utz:* Sozialethik, Bd. 1: Die Prinzipien der Gesellschaftslehre (= Sammlung Politeia, Bd. 10/1), Heidelberg-Löwen [2]1964, S. 145.

36 Vgl. U. *Nothelle-Wildfeuer,* a.a.O. (s.o. Anm. 3), S. 174f.
37 Vgl. R. *Herzog,* a.a.O. (s.o. Anm. 34).
38 Vgl. hierzu H. *Keupp,* a.a.O. (s.o. Anm. 2), S. 36–38. Er verweist darauf, dass diese Gedanken das Programm des Kommunitarismus bilden. Den Kommunitaristen gehe es nicht um eine »rückwärtsgewandte Gemeinschaftsidylle«, sondern um »eine neue Balance von individueller Autonomie und Selbstgestaltung und gemeinschaftlichen Werten«. Neben Solidarität ist Partizipation nach dem Kommunitarismus die zweite Grundbedingung für Demokratie. Daher sollen die Bürger sich selbst organisieren und auf den politischen Prozess einwirken. Vgl. ebd., S. 42f.
39 U. *Nothelle-Wildfeuer,* a.a.O. (s.o. Anm. 3), S. 188.
40 Vgl. H.-R. *Laurien,* a.a.O. (s.o. Anm. 4), S. 296.
41 Ulrich *Beck:* Risikogesellschaft. Auf dem Weg in eine andere Moderne, Frankfurt/M. 1986, S. 206.
42 H. *Keupp,* a.a.O. (s.o. Anm. 2), S. 34.
43 Ebd., 7f.

Zu: Carsten Müller-Meine, Freiwillig, aber nicht umsonst.

1 Ausführlich nachzulesen unter http://dip.bundestag.de/btd/14/089/148900.pdf.
2 Vgl. Thomas *Olk,* Vom »alten« zum »neuen« Ehrenamt. Ehrenamtliches soziales Engagement außerhalb etablierter Träger, in: Blätter der Wohlfahrtspflege, Heft 1, 1989, S. 7–10.
3 Vgl. Bagfa, Handbuch Qualitätsmanagement bafga e.V., 2. Auflage, 2005.
4 Vgl. zur Zivilgesellschaft oben S. 56f.
5 Vgl. hierzu oben S. 28f. sowie S. 45.

Zu: Georg Köhl/Alexander Saberschinsky, Gott die Ehre ... um der Menschen willen.

1 Für eine Kultur des Ehrenamts. Handlungsempfehlungen an Verantwortliche in Kirche und Gesellschaft. Erklärung des Zentralkomitees der deutschen Katholiken, Juni 2004, S. 4.
2 Vgl. ebd., S. 4
3 J. *Wohlmuth,* Katholische Theologie heute, Würzburg 1990, S. 44, 48.
4 Vgl. N. *Mette,* Praktisch-theologische Erkundungen (= Theologie und Praxis, Bd. 1), Münster 1998, S. 41.

5 Pastoralschreiben des Bischofs von Trier Dr. Reinhard *Marx,* Als Gemeinschaft in Bewegung – nach innen und nach außen, hrsg. vom Bistum Trier, Trier 29. 6. 2005, S. 8.

6 Vier Typen von Pfarrgemeinden mit ihren unterschiedlichen Rollen stellt vor: M. *Widl,* Kleine Pastoraltheologie, Graz 1997, S. 45–56.

7 Standardteil für Aufgaben- bzw. Stellenbeschreibungen für Pfarrer, Ständige Diakone, Pastoralreferentinnen und Pastoralreferenten sowie Gemeindereferentinnen und Gemeindereferenten in Pfarreien und Seelsorgeeinheiten; Bischöflicher Generalvikar, Trier, Fassung 2002 (maschinenschriftlich).

8 Vgl. Statut für Gemeindereferentinnen und -referenten vom 27.03. 2000 (vgl. KA 2000, Nr. 105) und Handbuch des Rechts für das Bistum Trier, Nr. 255.1.

9 Vgl. Statut für Pastoralreferentinnen und -referenten vom 15.05.2000 (vgl. KA 2000, Nr. 129) und Handbuch des Rechts für das Bistum Trier, Nr. 254.1.

10 Vgl. »Zeit zur Aussaat« (Die deutschen Bischöfe 68), hrsg. vom Sekretariat der Deutschen Bischofskonferenz, Bonn, 26. November 2000, S. 25.

11 E.-M. *Faber,* Identität, Profil und Auftrag der pastoralen Dienste, in: Der pastorale Dienst in einer Zeit der Aussaat (Arbeitshilfe 185), hrsg. von Sekretariat der Deutschen Bischofskonferenz, Bonn, 5. Juni 2004, S. 49–57, hier: S. 54f.

12 G. *Köhl,* Lern-Ort Praxis, Münster 2003, S. 248.

13 Vgl. ebd., S. 3.

14 Vgl. Abbildung auf S. 101: H. und M. *Tholl,* Typologie von Motivationen für ehrenamtliches Engagement in Pfarreien und die entsprechenden Seelsorgerollen.

15 Vgl. M. *Widl,* a.a.O., S. 66–78.

16 G. *Köhl,* a.a.O., S. 247f.

17 Viele Pfarrgemeinderäte verstehen sich als Arbeits-, Organisations-, Repräsentations- oder Beratungsgremium. Von daher ist es ein längerer Prozess zur Entwicklung als pastorales Steuerungsgremium. Hier sind die Hauptamtlichen gefragt, sowohl in ihrem konkreten Leitungsverhalten als auch in ihrem pädagogischen Konzept.

18 Vgl. Ergebnisprotokoll des Reflexionsabends Gemeindeentwicklung in Andernach St. Stefan vom 30.06.05, S. 1.

19 Vgl. H. *Dewald,* Für eine Aufbruchspastoral. Dem Glauben neue Bahnen brechen. Erinnerungen und Erfahrungen im pastoralen Dienst, Offenburg 1978 (maschinenschriftlich), S. 85f. Joseph Cardijn ist der Gründer der CAJ und ›Vater‹ des pastoralen Dreischritts Sehen – Urteilen – Handeln.

ZU DEN AUTOREN

Georg Bernarding, Jahrgang 1954; Studium der Rechtswissenschaften, abgeschlossen 1981 mit dem Zweiten Staatsexamen; 1982–1987 persönlicher Referent des Oberbürgermeisters in Trier; 1987–2002 Dezernent für Soziales, Jugend und Feuerwehr der Stadt Trier; seit 2002 Bürgermeister der Stadt Trier; Inhaber zahlreicher Ehrenämter in Sport, Feuerwehr und Politik.

Hans Braun, Prof. Dr. phil. habil., Jahrgang 1941; Professor für Soziologie mit dem Schwerpunkt Sozialpolitik an der Universität Trier und Geschäftsführender Direktor des Zentrums für Arbeit und Soziales; Arbeitsschwerpunkte: Normative Grundfragen der Sozialpolitik, Wohlfahrtsanalyse, international vergleichende Sozialpolitik, Gesundheitspolitik, Alterssoziologie, Entwicklungstendenzen des Dritten Sektors und Strukturfragen bürgerschaftlichen Engagements.

Georg Köhl, PD Dr. theol. habil., Jahrgang 1952; Studium der Katholischen Theologie und Germanistik in Trier; seit 1978 in der Ausbildung der Laientheologen im Bistum Trier tätig; 1987 Dissertation (»Der Beruf des Pastoralreferenten in den deutschen Ortskirchen«); 2000 Habilitation (»Lernort Praxis – Ein didaktisches Modell pastoralen Lernens von (Laien-) Seelsorger/innen in der Berufseinführung«); derzeit Studienleiter für Pastoraltheologie in der Berufseinführung der pastoralen Laienberufe im Bistum Trier; zugleich Dozent für Pastoraltheologie im Interdiözesanen Seminar »Studienhaus St. Lambert«, Lantershofen.

Carsten Müller-Meine, Dipl.-Päd., Jahrgang 1972; Bankkaufmann und Studium der Diplompädagogik (Fachrichtung Erwachsenenbildung/Weiterbildung) in Trier; seit 1996 Geschäftsführer des Vereins »Selbsthilfe Kontakt- und Informationsstelle e.V. Trier« (SEKIS): Aufbau und Fortentwicklung der Selbsthilfekontaktstelle für die Region Trier und der Ehrenamtsagentur Trier für die Stadt Trier.

Alexander Saberschinsky, Dr. theol., Jahrgang 1968; Studium der Katholischen Theologie, Germanistik und Medienkommunikation in Trier; Absolvent am Institut zur Förderung publizistischen Nachwuchses München; 1995-2001 Wissenschaftlicher Mitarbeiter am Lehrstuhl für Christliche Sozialwissenschaft an der Theologischen Fakultät Trier; daneben ausgedehnte Referententätigkeit in der Erwachsenenbildung; Leiter der Bibliothek des Deutschen Liturgischen Instituts, Trier; Dozent für Christliche Gesellschaftslehre und Studienleiter am Interdiözesanen Seminar »St. Lambert«, Lantershofen.